AF220611

Vier für die Umwelt
Giftskandal am Schellenbach

von Angelika Lauriel

Impressum:

© 2020 Angelika Lauriel
WWW.ANGELIKALAURIEL.DE
Ludwigstraße 5, 66265 Heusweiler
Buchcoverdesign: Dorothea Stiller unter Verwendung eines
Fotos von Jacob Lund/Shutterstock
Lektorat: Dorothea Stiller
Korrektorat und Satz: Angelika Lauriel

Die Deutsche Nationalbibliothek verzeichnet diese Publika-
tion in der Deutschen Nationalbibliografie; detaillierte bibli-
ografische Daten sind im Internet über http://dnb.dnb.de
abrufbar.

ISBN: 978-3-7519-2254-8
Herstellung und Verlag: BoD - Books on Demand,
Norderstedt

Buch

Vier Freunde decken einen Umweltskandal auf
Mädchen verschwunden! Zuerst denkt sich der elfjäh-
rige Paul noch nichts dabei, als er seine kleine Schwester Lily nicht sofort sieht, nachdem er eingekauft hat.
Doch dann wird ihm klar, dass sie spurlos verschwunden ist!

Mit seinen besten Freunden Maggie, Tom und
Jacky macht er sich auf die Suche. Sie finden die Kleine
schließlich in der Nähe ihres Lieblingsspielplatzes,
stoßen bei ihrer Suche jedoch auf eine riesige Umweltsauerei. Wer steckt hinter der chemischen Kloake
im Waldbach? Sofort fangen die Kinder mit Nachforschungen an. Eigenartig, dass die Erwachsenen um sie
herum die Ermittlungen der Kinder eher behindern,
als sie zu unterstützen. Das lassen sich die »Vier für
die Umwelt« natürlich nicht gefallen. Ärger ist vor-
programmiert – nicht nur mit Schulfreunden. Doch
dann geraten Paul und Tom bei ihren Ermittlungen in
Gefahr.

Kinderkrimi ab 9 Jahren.

Autorin

Angelika Lauriel schreibt Bücher für Kinder, Jugendliche und Erwachsene.

Im Alltagsleben arbeitet sie in Teilzeit als Förder-
lehrerin für Deutsch als Zweitsprache und ist Mutter
einer fünfköpfigen Familie. Ihre Heimat ist das Saar-
land. Viele, aber nicht alle ihrer Romane spielen dort.

Inhalt

1 Die Gefahr von Wünschen

Die Haustür war offen und mein Fuß schon draußen, da hörte ich meine Mutter rufen: »Paul, denk an die Möhren!«

Mist! Ich hatte gedacht, Mama hätte vergessen, dass sie mich zum Einkaufen schicken wollte. Irrtum. Schnell glitt ich hinaus und wollte die Tür hinter mir zuziehen. Zack, riss Mama sie mit einem Ruck wieder auf. Sie lächelte mich zuckersüß an und hielt mir Stofftasche und Geldbeutel hin. »Die wirst du brauchen. Und Lily nimmst du ebenfalls mit, junger Mann!«

»Och, Mam!«

Mama schob Lily mit der Hand ein Stück vor. Meine kleine Schwester sah genauso mürrisch aus wie ich. Wahrscheinlich, weil Mama sie gerade von ihrem Kinderschreibtisch weggeholt hatte, wo sie immer ihre lustigen Bilder malte.

Damals, als Lily geboren wurde, war ich so enttäuscht gewesen, denn ich hatte mir immer schon einen Hund gewünscht. Als Mama immer dicker wurde, sagten alle, dass ich ein Geschwisterchen bekäme. Nur mein Onkel Tobi meinte augenzwinkernd, dass es vielleicht ein Haustier werden würde.

Ich Idiot habe ihm geglaubt!

Das lag wohl daran, dass ich nicht mal sechs war, als Mama Lily im Bauch hatte. Ich malte mir nach Onkel Tobis Worten aus, wie unser kleiner Hund aussehen würde. Darüber, wie der in Mamas Bauch gekommen sein sollte, dachte ich nicht weiter nach. Ich weiß, das war richtig doof. Eigentlich hätte ich schon wissen müssen, dass eine Frau kein Hundebaby kriegen kann. Aber Onkel Tobi sagte das so oft – immer, wenn die anderen Erwachsenen nicht zuhörten. Seit der Geburt meiner Schwester habe ich nie wieder ein Wort mit ihm gesprochen.

Und jetzt sollte Lily also wieder mal mit mir zum Einkaufen gehen. Als ob es nicht reichte, dass ich überhaupt einkaufen musste ... Nein, da sollte ich auch noch den Babysitter spielen.

Ich blitzte meine Mutter an. »Echt jetzt? Ich bin doch viel schneller, wenn ich alleine ...«

»Es muss sein. Ich fahre zur Dienstbesprechung in den Kindergarten, und ich weiß noch nicht, wie lange es dauern wird.«

Ich stöhnte. Das hieß, dass Mama den Rest des Nachmittags nicht da sein würde, weil sie erst eine Dreiviertelstunde fahren musste und im Kindergarten ein riesiges Chaos herrschte. Irgendwie hatten die nur noch Stress, weil zu viele kleine Kinder geboren wurden oder sowas. Außerdem gab es in letzter Zeit wohl ziemlich viel Streit mit dem Bürgermeister, weil sie den Kindergarten renovieren wollten. Die waren sich nicht einig, welcher Handwerker das machen sollte. So genau hatte ich das alles nicht verstanden. Jedenfalls konnte die Sitzung ewig dauern. Und Paps hatte heute seinen Leichtathletiktag im Turnverein ... Also hatte ich Lily bis zum Abend an der Backe. Na prima!

Lily sah zuerst Mama an, dann mich. Sie hatte ihren ganz bestimmten Blick drauf. Nur kleine Kinder können so gucken, aber auch ... ja, kleine Hunde. Also, ich gebe zu, manchmal mag ich meine Schwester. Die hat es echt drauf, unsere Eltern zu Sachen zu überreden, die sie eigentlich gar nicht wollen. So waren wir diesen Sommer schon drei Mal beim Griechen essen, und das nur, weil Lily so gucken kann. Die Pommes, die keiner so macht wie der Koch beim Griechen, verdankte ich also nur ihr.

Bei dem Gedanken musste ich grinsen und fand, ich könnte ruhig ein bisschen großzügig sein. »Dann komm halt mit, Krümel.«

Für Lily ist es das Größte, wenn sie bei den Bandentreffs der »Kapisten« dabei sein darf. Sie schwärmt für meine drei Freunde. Für Tom, weil er aussieht wie ein Ritter, für Maggie, weil sie mit ihrer dunklen Haut und sportlichen Figur wie ein Mädchen aus einer amerikanischen Fernsehserie rüberkommt, und für Jacky, weil sie Lily alle Warum-Fragen der ganzen Welt beantworten kann.

Zum Glück mögen meine Freunde die wilde Hummel mit den blonden Locken auch ganz gern. Deshalb war es letzten Endes gar nicht so eine Katastrophe, dass ich sie mitnehmen musste. Ich konnte mit meinem Waveboard fahren, und Lily hüpfte und sprang einfach nebenher.

An der Ecke trafen wir auf Tom und Maggie, die auf ihre Räder gestützt schon auf uns warteten. Jacky hatte gemeint, dass sie heute keine Zeit hätte, weil sie ein spannendes Buch fertiglesen müsse. Mich könnte ein Buch niemals von einem Treffen mit meinen Freunden abhalten, aber Jacky tickt halt anders.

Tom und Maggie kamen mit zum Supermarkt. Maggie wollte sich sowieso eine Packung Cookies kaufen. Sie liebte die mit der gemischten Schokolade und nahm sie immer heimlich mit zum Bodenturnen. Das war eine kleine Rache an ihrer Mom, die ihr den Turnverein aufgezwungen hatte, weil sie dachte, dass Maggie unbedingt »körperlichen Ausgleich« brauchte. Maggie sollte sich viel bewegen und möglichst wenig Zucker essen, weil der sie angeblich hibbelig machte. Eigentlich hätte Maggie mit uns ja genug Bewegung. Aber was will man machen? Und Tom hatte vor, nach den Sportklamotten zu schauen, die diese Woche im Angebot waren.

»Oh, seht mal, ein Kätzchen!«, rief Lily, als ich auf dem Parkplatz mein Board neben Toms und Maggies Rädern ablegte. Schon lief sie zum Rand des Parkplatzes und lockte wispernd die Katze. Die schien sich tatsächlich von Lily angezogen zu fühlen; sie tapste näher.

»Darf ich hier draußen warten?«

»Okay, dann behalte aber bitte die Räder und das Waveboard im Auge«, sagte ich. Umso besser; wenn sie draußen blieb, bettelte sie nicht um Süßkram. Unsere Eltern schimpften jedes Mal, wenn wir Bonbons mitbrachten. Sie gaben uns lieber Trockenfrüchte. Obwohl ich das genau wusste, kriegte Lily mich mit ihrem Hundeblick immer wieder rum.

Wir ließen sie also bei der Katze und gingen in den Supermarkt. Ich musste Gemüse und Joghurt einkaufen, während Maggie sich ihre Chocolate-Chip-Cookies aus dem Regal holte und Tom die Sportsachen begutachtete. Bevor wir zur Kasse gingen, legte er sie allerdings wieder zurück. Vielleicht hatte er auch nicht genug Geld dabei. Toms Papa verdiente nicht so viel, weshalb Tom ganz oft leer ausging, wenn andere Kinder tolle neue Anziehsachen bekamen.

»Gibt es nicht in meiner Größe«, sagte er und zuckte mit den Schultern. Ich nickte einfach und lächelte ihm zu, dann bezahlten wir und verließen den Laden wieder.

2 Kleine Schwester verschwunden!

Zuerst dachte ich mir noch nichts, als ich Lily nicht sah. Tom und Maggie holten ihre Räder, ich mein Waveboard. Dann blickte ich mich nach meiner Schwester um und runzelte die Stirn. »Wo ist denn Krümel?«

Maggie und Tom spähten ebenfalls über den Parkplatz.

»Lily?«, rief ich und ging zu der Stelle, an der sie vorhin gekauert hatte, um die Katze zu streicheln. Weder von dem Kätzchen noch von meiner Schwester sah ich irgendeine Spur. War sie etwa dem Tier hinterhergelaufen? Langsam wurde ich sauer. Ein Hund hätte auf mich gewartet und mich freudig begrüßt. Ich lief den Parkplatz ab. Nein, hier war sie nicht mehr.

»Mist!«

»Was machen wir denn jetzt?«, fragte Maggie.

Tom rieb sich die Nase. »Meinst du, sie ist nach Hause gelaufen?«

Ich stemmte die Hände in die Hüften, die volle Einkaufstasche hing schwer auf der einen Seite herunter. Mit einem Ächzen bückte ich mich dann und klemmte das Waveboard unter den freien Arm. »Null Ahnung. Eigentlich weiß sie genau, dass sie nicht allein gehen darf. Mist!«

Wir suchten noch einmal den ganzen Parkplatz ab und stiegen sogar zwischen die Büsche und Hecken rund um den Platz, um sie zu finden. Keine Spur von Lily.

Schließlich fragten wir die Leute, die ihre Einkaufswagen zurückbrachten und zu ihren Autos gingen. Niemand hatte sie gesehen. In wachsender Aufregung liefen wir die Straße entlang, zuerst in die eine Richtung, dann in die andere, bis wir fast wieder bei mir zu Hause waren, aber auch da fanden wir sie nicht. Als wir wieder zum Parkplatz kamen und Lily noch immer verschwunden war, verwandelte sich meine Wut auf sie in einen festen Klumpen im Bauch. Mir war ganz übel.

»Ich muss heim. Vielleicht ist sie doch schon vorgerannt.«

Meine Freunde fuhren neben mir her. Ich versuchte, mich abzuregen. Sicher hockte sie längst vor dem Haus auf den Stufen oder vielleicht im Hof, weil sie ja noch keinen Schlüssel besaß. Klar, sie würde ganz bestimmt auf uns warten und sich freuen, weil sie uns einen Streich gespielt hatte. Wahrscheinlich hatte sie sich gar nichts dabei gedacht.

Als wir vor unserem Haus ankamen, sprangen Maggie und Tom von ihren Rädern. Vor der Tür saß Lily schon mal nicht. Aber das musste ja nichts heißen. Bestimmt war sie durch die Garage nach hinten gelaufen. Ich stellte mein Waveboard in der Garage ab und wollte die Tür aufdrücken, die zum Hof führt. Zugesperrt.

»Mist!« Ich starrte meine Freunde an. Hier konnte Lily nicht sein.

»Klingel doch mal, vielleicht ist sie ja drinnen«, meinte Maggie.

»Nein, meine Mutter ist in der Kita, und Paps gibt doch jetzt Leichtathletik im Turnverein.«

»Trotzdem. Vielleicht sind sie früher nach Hause gekommen«, meinte Tom.

Ich drückte auf den Knopf, aber niemand öffnete. Also zog ich meinen Schlüssel aus der Tasche und schloss auf.

»Lily!« Ich ließ den Einkaufsbeutel im Flur fallen und lief nach oben zu ihrem Zimmer. Natürlich bekam ich keine Antwort und fand sie auch nicht. Als ich wieder nach unten sprintete, sahen Tom und Maggie mir betreten entgegen. Sie hatten im Wohnzimmer, in der Küche, im Bad und sogar in der Speisekammer nachgesehen.

»Wir müssen zurück zum Supermarkt.« Ich lief los. Diesmal holte ich mein BMX-Rad aus der Garage, damit wir schneller waren. Außerdem nahmen wir die Umgehungsstraße, die auf kürzerem Weg in die Nähe des Supermarkts führte. Wir mussten am Kreisel beim Gewerbegebiet nur nach rechts fahren. Unterwegs wurden wir von einem großen LKW aufgehalten, der vor einer Baustelle quer über die Straße wendete. Das Warten machte mich noch nervöser. Es fühlte sich an, als würde mein Gesicht zu einer Maske gefrieren. Ich sah immer nur meine kleine Schwester vor mir. In diesem Moment konnte ich gar nicht mehr verstehen, dass ich sie jemals hatte gegen einen Hund eintauschen wollen. Mit ihren grünen, kugelrunden Augen war sie die niedlichste Schwester der Welt, ehrlich!

In der Umgebung des Supermarkts fanden wir auch dieses Mal keine einzige Spur von Lily. Ich wusste nicht mehr, was wir tun sollten. Zu allem Ärger lungerte auch noch Lasse mit seinem Kumpel Umit am Rand des Parkplatzes herum. Sie glotzten dauernd zu uns rüber. Erst gestern hatten sie auf dem Schulhof wieder Zoff angefangen, weil sie unbedingt an die Tischtennisplatte wollten, obwohl wir als Erste dort gewesen waren. Ich weiß nicht genau, warum Lasse so ein Problem mit uns hat, aber er fängt dauernd grundlos Streit an. Auf den und sein doofes Grinsen konnte ich jetzt echt verzichten.

»Verschwinden wir«, sagte ich. Maggie blieb stehen und starrte zu Lasse und Umit.

»Vielleicht wissen die was«, meinte sie. Ich wollte sie zurückhalten, aber schon schob sie ihr Rad quer über den Parkplatz auf die beiden zu. Lasse verschränkte die Arme.

»Na, Schoki, was geht?« Er wollte wohl cool sein, aber Maggie zuckte nicht mal zusammen.

»Sagt mal, habt ihr vielleicht Pauls kleine Schwester gesehen?«

Umit reckte sich, er schien was sagen zu wollen. Aber Lasse streckte direkt vor Umits Nase den Arm zur Seite, um ihn daran zu hindern. »Nö«, erklärte er.

»Kommt, wir gehen.« Ich zog Maggie am Arm. Wir verkrümelten uns wieder ans andere Ende des Parkplatzes, und ich dachte fieberhaft nach. Endlich hatte ich eine Idee, was wir noch versuchen konnten. Ich lehnte mein Rad an die Wand und bat meine Freunde, auf mich zu warten. Dann ging ich in den Supermarkt.

»Entschuldigung«, sagte ich neben einer Verkäuferin, die Konservendosen in ein Regal räumte.

»Ja?«

»Ist hier vielleicht ein kleines Mädchen abgegeben worden? Ungefähr so groß, blonde Haare und grüne Augen. Sie hört auf den Namen Lily.«

Die Frau giggelte, aber dann schüttelte sie den Kopf. »Nein, so ein Mädchen hat hier keiner abgegeben. Wen suchst du denn?«

»Meine kleine Schwester. Aber schon gut … Bestimmt ist sie draußen irgendwo.«

Enttäuscht ging ich zu meinen Freunden zurück. Mir war übel, und ich wusste nicht, was wir jetzt noch machen sollten.

»Lass uns deine Eltern anrufen«, schlug Tom vor.

Ich schluckte. Was würden sie bloß sagen? Sie regten sich ja schon tierisch auf, wenn ich mal einen Handschuh verlor oder ein Schulheft. Wie würden sie erst reagieren, wenn ich meine Schwester verloren hatte? Aber er hatte recht. Bloß besaß ich nicht mal ein Handy. Mein Vater war ja Lehrer und Mama Erzieherin, und beide fanden, dass man mit einem Handy so lange wie möglich warten musste. Ich war wahrscheinlich der einzige Junge in der ganzen Schule, der kein eigenes Smartphone besaß! Maggie zückte ihr Telefon.

»Wie ist die Telefonnummer?«

Tja, das wusste ich leider auch nicht. Ich kannte die Handynummern meiner Eltern nicht auswendig, genauso wenig wie die Nummer von Mamas Kindergarten und die von Papas Gymnasium.

Ich zuckte ratlos die Schultern. »Wir müssen wieder heimgehen, dort ist die Nummer gespeichert«, sagte ich.

Maggie sah nachdenklich von Tom zu mir. »Ich rufe zuerst mal Jacky an, oder?«

Ja, das war überhaupt die Idee! Jacky würde wissen, was zu tun war. Maggie erklärte ihr am Telefon, was passiert war. Jacky versprach, dass sie in zehn Minuten da sein würde. In der Zwischenzeit suchten wir noch einmal den Parkplatz ab. Dabei hatte ich die ganze Zeit das Gefühl, dass Lasse uns beobachtete. Ob er sich darüber freute, wenn ich in Schwierigkeiten geriet?

Jacky kam auf ihrem alten Kinderfahrrad an, stellte es ab und wuschelte sich durch die kurzen roten Haare, die an ihrer Stirn und den geröteten Wangen klebten. »Ist Lily wieder aufgetaucht?«

»Nein, keine Spur.«

Zunächst checkte sie die Lage und runzelte die Stirn, als sie Lasse und Umit auf der anderen Seite des Parkplatzes sah. Dann warf sie einen Blick auf die Uhr, blinzelte in den Himmel und verzog nachdenklich einen Mundwinkel. Ihre rechte Hand fuhr in die Hosentasche, und sie förderte eine Erdnuss zutage. Die knackte sie und schob sie in den Mund, während sie die zerbröselnde Schale in die andere Hosentasche stopfte. Die Nüsse halfen ihr beim Nachdenken, sagte sie immer.

»Okay.« Sie musterte uns der Reihe nach. »Für die Polizei ist es noch zu früh, die brauchen wir gar nicht anzurufen. Wissen deine Eltern schon Bescheid?«

»Natürlich nicht, sonst wären sie ja längst da. Die sind beide nicht zu Hause.«

Jacky nickte. »Lasst uns im Park nachsehen. Vielleicht ist Lily dem Kätzchen hinterhergelaufen und hat vergessen, dass sie auf euch warten soll.«

Das konnte tatsächlich sein. Lily vergaß eigentlich immer, was sie machen sollte. Sich anziehen, essen, ohne zu kleckern, ihre Schuhe zumachen. Das alles musste Mama ihr mindestens drei Mal sagen, ehe sie es dann endlich tat. Wir schwangen uns auf unsere Räder und fuhren in den Park gleich um die Ecke. Jacky hatte die geniale Idee, uns in zwei Suchtrupps aufzuteilen, also radelten wir je eine Hälfte des Parks ab: Maggie mit Tom und ich mit Jacky. Wir trafen uns eine Viertelstunde später wieder am Eingang. Nichts. In meinem Magen wühlte die Angst, und ich fand, dass wir nun doch meinen Eltern Bescheid geben mussten. Also beschlossen wir einstimmig, nach Hause zu fahren. Am Parkplatz lungerten immer noch Umit und Lasse herum. Sie schauten uns hinterher, als wir vorbeifuhren. Ich hatte das Gefühl, dass Lasse schadenfroh grinste. Umit runzelte die Stirn, aber das tat er sowieso andauernd.

Daheim probierten wir die Telefonnummer des Kindergartens aus, aber dort hob niemand ab. Vielleicht war die Sitzung beendet und Mama schon auf dem Heimweg. Sie ging aber auch nicht an ihr Handy, wenn sie Auto fuhr. Dann wählten wir Papas Handynummer und hörten das Klingeln im Flur in seiner Arbeitstasche. Er hatte sein Smartphone gar nicht bei sich.

Ich kaute auf meinen Fingernägeln. »Was machen wir jetzt?«

»Wie lange ist Lily denn schon verschwunden?«, fragte Jacky. Wir saßen um den Küchentisch herum. Meine Freunde wirkten ganz schön kleinlaut. Ich sah auf die Uhr. Halb sechs. Ich schluckte. Wir waren ungefähr um drei zum Einkaufen gefahren. Ich konnte gar nichts dagegen tun, plötzlich liefen mir die Tränen runter. Mist!

»Es war kurz nach drei.« Maggies Stimme klang rau. Tom legte seine Hand auf ihre. Mit ihrer freien Hand griff sie nach meiner. Ich schniefte. Vor meinen Kumpels brauchte ich mich nicht zu schämen. Jacky nickte und räusperte sich.

»Okay. Ich schätze, dann melden wir es jetzt der Polizei.«

Der Polizei? Was würde die zu mir sagen? Dass ich nicht gut genug aufgepasst hatte? Wenn ich an Lily dachte, drehte sich mir der Magen um. Sie hatte ganz bestimmt eine Riesenangst, wo auch immer sie jetzt war. Zwar ließ sie sich nicht so leicht von irgendjemandem einschüchtern, aber wer wusste, wo sie steckte? Wenn sie sich verlaufen hatte und den Weg zurück nicht mehr fand? Oder wenn jemand sie … Ich sprang auf und lief ziellos in der Küche auf und ab. Ich musste mich einfach bewegen, weil ich sonst laut hätte losbrüllen müssen.

3 Die Polizei kann helfen. Oder?

»Ich wähle jetzt den Notruf«, erklärte Jacky. Ich nickte und reichte ihr das Telefon. Ein Glück, dass ich das nicht selbst machen musste.

»Ja, guten Tag, hier ist Jaqueline Kopper. Wir möchten ein vermisstes Kind melden. In Schellenstedt, Sattlergasse … Lily Naumann, fünf Jahre alt, bald wird sie sechs … Seit drei Uhr … Vom Supermarkt in der Hauptstraße … Sie wollte draußen warten, dann war sie weg … Auf dem Parkplatz, in der Hauptstraße in beide Richtungen und im Park.«

In diesem Moment hörte ich den Schlüssel in der Haustür. Mama kam zurück! Ich rannte hinaus und verstand nicht mehr, was Jacky dem Polizisten noch erzählte.

»Mama, Lily ist weg!«, brüllte ich und merkte, wie ich außer Atem geriet. Plötzlich sah ich in meinen äußeren Augenwinkeln Sternchen blitzen.

Mama legte den Schlüssel auf dem Bord neben der Tür ab, stellte die Tasche daneben, griff nach meinen Oberarmen und sah mich an. Ich erzählte ihr alles, so schnell ich konnte. Aber meine Stimme machte, was sie wollte. Ich kriegte schlecht Luft, außerdem musste ich dauernd schluchzen. Mamas Gesichtsausdruck veränderte sich. Zuerst zog sie die Brauen zusammen, ihr Mund verzerrte sich, wie wenn sie sauer ist. Aber dann riss sie die Augen weit auf. Das war der Moment, in dem sie kapierte, dass etwas Schlimmes passiert war.

»Du hast Lily alleingelassen?«, rief sie aus. Ihre Stimme klang schrecklich, mir war nur noch übel. Ich stammelte mir was zurecht und merkte, wie mir die Tränen die Wangen hinunterliefen.

Als sie mich anstarrte, wurde ihr Blick wieder weich. Diesen Blick hatte sie sonst immer, wenn Lily oder ich uns wehgetan hatten. Sie zog mich an sich und sagte: »Langsam, Paul, ich habe kein Wort verstanden. Atme tief durch und erzähl mir noch mal, was passiert ist.« Aber ich spürte genau, dass sie am ganzen Leib zitterte!

In der Zwischenzeit waren Maggie und Tom in den Flur gekommen und nickten zu meinem chaotischen Bericht dauernd. Nun trat auch Jacky aus der Küche, sie hielt das Telefon in der Hand. Ich hörte auf zu sprechen, wir sahen sie alle an.

»Die Polizei kommt her«, erklärte sie. Manchmal ist Jacky noch cooler als Tom.

»Die Polizei?« Mamas Stimme klang schrill.

Jacky nickte und berichtete klar und präzise, was ich vorher nur in Gestotter hervorgewürgt hatte. Während sie erzählte, was passiert war, gingen wir in die Küche. Mama ließ sich kraftlos auf den Stuhl fallen, und ich merkte, wie ihre Gesichtsfarbe zu einem fahlen Grau wechselte. Immer wieder fasste sie sich mit der Hand an den Hals und schüttelte den Kopf.

Ganz ehrlich, als ich sie so beobachtete, wurde mir erst richtig klar, was passiert war: Meine kleine Schwester war verschwunden, und wir hatten keine Ahnung, wohin. Ich weiß nicht, was Eltern in so einem Moment durch den Kopf geht, aber mir reichte eigentlich schon das, was ich selbst fühlte. Ich hätte liebend gern mit Lily getauscht. Sie war doch noch ein kleines Mädchen, und sie wusste noch so wenig. Ich hätte genau gewusst, wohin ich gehen muss, aber sie doch nicht. Und dabei hatte ich sie gegen einen Hund eintauschen wollen ... Und überhaupt war ihr Verschwinden allein meine Schuld. Ich hätte sie nicht draußen warten lassen dürfen. Ich wusste in diesem Moment nicht, wie ich das Mama und Papa jemals erklären sollte. Die beiden hatten mir so oft gesagt, dass Lily und ich immer zusammenbleiben mussten, wenn wir allein unterwegs waren. Und Lily wusste eigentlich auch, dass sie nicht von mir weglaufen durfte.

Noch während Jacky berichtete, wo wir überall gesucht hatten, klingelte es. Mama rannte zur Tür. Die Polizei! Zwei Männer in Uniform kamen zu uns in die Küche und hörten sich alles noch mal genau an. Sie fragten uns tausend Dinge.

Um wie viel Uhr wir in das Geschäft gegangen wären.

Ob wir gesehen hätten, dass Lily mit jemandem gesprochen hat.

Ob wir einen Erwachsenen in ihrer Nähe gesehen hätten oder vielleicht andere Kinder.

Ob uns noch irgendetwas einfallen würde, was wir noch nicht erzählt hatten.

Dann fragten sie, welche Kleidung Lily getragen hätte. Sie schrieben alles auf und sagten, dass sie sofort Suchtrupps losschicken wollten, mit Hunden und allem Drum und Dran. Sie nahmen ein T-Shirt mit, das Lily getragen hatte.

»Sicher hat sie sich nur verlaufen. Sie ist vielleicht mit dem Kätzchen gegangen und findet nicht zurück. Machen Sie sich keine Sorgen, Frau Naumann, bestimmt werden wir sie finden. Wir beginnen die Suche dort, wo sie als Letztes war, am Supermarkt.«

Dann kam Paps nach Hause. Er verstand sofort, worum es ging, und sagte, er mache sich ebenfalls auf die Suche. Ich wollte unbedingt mit ihm gehen, aber er ließ mich nicht. »Bleib du bei Mama, sie sollte jetzt nicht allein sein. Ich suche im Wald.«

Ich lief mit ihm nach draußen. Die Polizisten fuhren davon, aber eine andere Polizistin kam her und blieb bei Mama. Paps fuhr mit dem Auto los.

Der Wald liegt am Rand von Schellenstedt, man kann zu Fuß hingelangen. Aber eigentlich war das für Lily ein bisschen zu weit, dachte ich mir. Andererseits fuhren wir oft mit den Rädern und dem Roller dorthin, weil wir so gern auf dem Waldspielplatz spielten. Den hatte unser Bürgermeister erst vor einigen Jahren komplett erneuern lassen, und wir hatten dabei helfen dürfen. Damals waren wir noch im Kindergarten, Lasse auch. Lily liebte vor allem das große Holzrad, in dem man wie ein Hamster laufen konnte. Ja, bestimmt hatte Paps recht und Lily war dorthin gelaufen.

Ich sah dem Auto hinterher. Maggie und Tom standen neben mir, Jacky war drinnen und sprach mit der Polizistin und Mama. Mir war noch immer kotzübel. Es beruhigte mich nicht, dass jetzt die Polizei und mein Vater nach Lily suchten. Außerdem sollte es alle halbe Stunde eine Suchmeldung im Radio geben.

»Paul«, hörte ich meine Mutter. Ich wollte mich schon umdrehen, da sah ich plötzlich Umit die Straße entlangkommen. Er zog die Schultern hoch. Zielstrebig kam er auf uns zu und begann sogar zu laufen.

»Paul, kommst du?«

»Ja, Sekunde noch, Mama.«

Umit kam atemlos bei uns an. »Ich habe ein Polizeiauto wegfahren gesehen«, meinte er.

»Ja, die suchen nach Lily.«

»Vielleicht ist sie im Wald …« Er wirkte so, als wolle er noch mehr sagen. Aber dann rief Mama wieder nach mir, Umit zog den Kopf ein und ging weiter.

»Der weiß was«, zischte Tom mir zu, als wir in die Küche gingen. Ich nickte. Das Gefühl hatte ich auch.

4 Auf eigene Faust

Mama saß noch immer wie eine Statue am Küchentisch. Sie sah nur kurz auf, als ich mit meinen Freunden hereinkam. Die Polizistin stand an der Arbeitsplatte. Anscheinend kochte sie einen Tee für meine Mutter und ihren Kollegen, der inzwischen auch hergekommen war.

Ich fühlte mich, als wimmelten tausende Wespen in meinem Bauch herum. Ich konnte nicht einfach hier sitzen und abwarten. Immer, wenn einer von uns etwas sagen wollte, zischte Mama: »Pst!« Sie starrte unaufhörlich das Telefon an.

Nachdem der Tee gezogen hatte, stellte die Polizistin ihn vor Mama ab, setzte sich zu ihrem Kollegen an den Tisch und klappte ihr Notebook auf. Sie hatte uns erklärt, dass sie damit die Ergebnisse der Telefonüberwachung auf der Dienststelle direkt checken konnten. Mama wirkte, als ob alles durch ihre Augen hindurchging, ohne dass sie es wirklich wahrnahm. Jedes Mal, wenn dieser leere Blick über mich hinweghuschte, zog sich mein Bauch zusammen. Die Wespen in mir wuselten immer heftiger hin und her.

»Lasst uns verschwinden«, flüsterte ich Maggie zu. Sie brauchte mich nur kurz anzusehen und wusste, was los war. Mit Nervosität und Ungeduld kannte Maggie sich aus, ihr ging es ja in der Schule auch immer so, weil sie hyperaktiv war. Dafür konnte sie aber nichts. Jedenfalls

wusste sie sofort Bescheid, nickte verschwörerisch und gab meinen Beschluss an die anderen
beiden weiter. Der Polizist sprach Mama an: »Gab
es vorher keinen Anruf eines Entführers?«

Ich zuckte bei dem Wort »Entführer« zusam-
men, genau wie Mama. Die Polizistin legte ihr die
Hand auf die Schulter. Tom zog mich am Ärmel.
»Komm«, flüsterte er, »jetzt passt es.«

Wir schoben uns so unauffällig wie möglich
von der Eckbank, aber Mama bemerkte es doch.

»Wir gehen in mein Zimmer«, murmelte ich.

Sie nickte nur. »Lauf nicht weg, Paul.«

Oben, in meinem Zimmer, besprachen wir uns.

»Ich glaube, Umit weiß was«, erklärte Tom.

»Wieso?«, fragte Jacky.

»Er meinte, Lily ist vielleicht im Wald.« Maggie sah sie abwartend an.

»Er sah aber so aus, als wollte er noch mehr
sagen«, ergänzte ich. »Ich will sofort hin und
nachschauen. Ich halte das hier nicht aus.«

»Meint ihr, dass Umit und Lasse etwas mit der
Sache zu tun haben?«, hakte Jacky nach und
knackte eine Erdnuss.

Tom verschränkte die Arme. »Keine Ahnung,
aber erinnerst du dich noch an die Aktion mit der
Tischtennisplatte auf dem Schulhof vor ein paar
Tagen?« Er schüttelte den Kopf. »Die haben sich
vielleicht angestellt!«

»Und Lily kennt die beiden«, erklärte ich.
»Lasses Schwester Ronja ist auch noch im Kin-

dergarten. Wir müssen beide immer mit zu den Gruppenfeiern.«

Ich hasste diese Nachmittage im Kindergarten. Lasses Papa war der Bürgermeister unserer Stadt, und Lasse führte sich deshalb immer als Chef auf. Er ließ sich in der Schule sogar »Boss« nennen. Klar, dass ich da nicht mitmachte. Im Kindergarten musste ich mich dann immer verstellen und so tun, als kämen Lasse und ich gut miteinander aus, damit es keinen Krach gab. Lasse wusste, dass ich ihn nicht als Boss anerkannte, und das stank ihm. Außerdem war er sauer, dass er in der Kapistenbande nicht mitmischen durfte. Aber wir nahmen keine anderen Kinder auf. Das war von Anfang klar gewesen, als Jacky sich den Namen für uns ausgedacht hatte. Wir waren einfach vier beste Freunde, und bloß, weil wir uns einen Bandennamen gegeben hatten, hieß das nicht, dass man sich um Mitgliedschaft bewerben konnte. Erst recht nicht Lasse, dieser Angeber. Tja, wenn ich es mir genau überlegte, konnte ich mir wirklich vorstellen, dass er etwas mit Lilys Verschwinden zu tun hatte. Vielleicht war das so eine Art Rache von ihm.

Ich schlug die Faust in die Hand und sprang auf. »Ich halte das nicht mehr aus. Ich fahre jetzt mit dem Rad zum Waldspielplatz. Wer kommt mit?«

Sofort standen alle drei auf, sogar Jacky. »Ich will auch«, erklärte sie, weil ich sie wohl ziemlich überrascht anstarrte. »Es ist noch lange hell, und wir kennen uns da oben aus. Außerdem können wir hier nicht helfen.« Sie runzelte die Stirn. »Aber du solltest deiner Mutter wenigstens einen Zettel hinlegen, damit sie weiß, wo du bist. Und dass du nicht allein bist.«

Kurz darauf schwangen wir uns auf die Räder, und weitere zehn Minuten später kamen wir schon am Waldrand an. Von Weitem hatten wir die Polizeiautos unten beim Stadtpark gesehen. Sicher würden sie schon sehr bald im Wald weitersuchen. Die Sorge um meine kleine Schwester wurde nicht weniger, aber wenigstens hatte ich jetzt das Gefühl, nicht nur untätig rumsitzen zu müssen.

Am Waldrand stiegen Tom, Maggie und ich ab und warteten auf Jacky.

»Wo suchen wir als erstes?« Keuchend kletterte Jacky vom Rad und wischte mit dem Ärmel ihres Shirts durchs Gesicht. Ich sah mich um. Papas Auto stand auf dem kleinen Parkplatz bei der Naturfreundehütte. Er hatte bestimmt den Wanderweg eingeschlagen, der in einer Schleife durch den Wald führte und am Schluss beim Spielplatz herauskam. Wenn wir mit der Familie herkamen, liefen wir den Weg immer so herum.

»Kommt, wir gehen zum Spielplatz, dann sehen wir weiter.«

Wir stellten die Räder ab und ketteten sie aneinander. Paps würde sie sofort sehen, wenn er wieder hier ankam, aber das war okay. Wir gingen um die Hütte herum zum Spielplatz und riefen nach Lily. Auf dem Platz spielten keine Kinder, wahrscheinlich, weil schon Abendessenszeit war. Niemand antwortete. Das Karussell stand genauso unbeweglich da wie die Wippe und das riesige Laufrad. Die Schaukeln bewegten sich leicht im Sommerwind. Wir liefen den gesamten Spielplatz und die Ränder ab und suchten und riefen unaufhörlich. Nichts.

»Lasst uns zum Schellenbach hinuntergehen. Dort spielt sie auch oft.«

Tatsächlich spielten alle Kinder gern dort am Wasser, auch wir. Lily dachte immer an Futter für die Enten und Fische. Wir liefen also hinunter zum Bach und folgten dem Lauf strömungsaufwärts. Wir sahen viele Fußspuren, und der Bach war tatsächlich an einer Stelle gestaut worden. Andere Kinder hatten dort Zweige, Äste und Stroh verkeilt, und das Wasser bahnte sich einen Weg am Uferrand.

»Igitt, wie das aussieht.« Maggie zeigte auf die Stelle, an der das Wasser sich sammelte. Darauf schwammen türkis schillernde Schauminseln, und das Wasser war trübe. Die Enten schienen sich heute hier nicht wohlzufühlen, wir sahen keine einzige. Aber dafür entdeckte ich jetzt etwas anderes am Rand des Baches: Dort lag eine Haarspange, halb in das weiche Erdreich gedrückt. Es sah aus, als sei jemand auf die Spange getreten, ohne es zu bemerken. Jemand, der ein Kind den Bachlauf hinauf drängte? Diese Spange erkannte ich sofort: ein kleines Einhorn mit einem glitzernden Stein. Sie gehörte Lily!

Mit einem Keuchen ließ ich mich auf die Knie fallen, grub die Spange aus dem Boden und hob sie hoch.

»Die gehört Lily, sie hat sie heute getragen!«

Tom, Maggie und Jacky versammelten sich um mich herum, starrten mein Fundstück an und schwiegen.

»Lily!«, schrie ich aus Leibeskräften.

Und dann hörte ich etwas!

»Still«, zischte ich. Die anderen sahen mich gespannt an. Maggie ließ den Mund offenstehen, sie hatte es wohl auch gehört. Da war es wieder. Es klang nicht wie eine menschliche Stimme, eher hörte es sich an wie ein Vogel, der weit weg piepste. Es kam von dort oben, weiter den Bach entlang. Wir stolperten vorwärts. Das Unterholz wurde hier dichter. Ich rief immer wieder nach meiner Schwester, und immer wieder hörten wir dieses helle Geräusch. Mir kam es vor wie eine Ewigkeit, aber nach und nach klang das Vogelpiepsen tatsächlich wie eine Kinderstimme. Lilys Stimme. Endlich verstanden wir auch, was sie rief: »Ich bin hier, Paul! Komm hierher!«

Wir folgten ihrer Stimme und erreichten eine Stelle im Wald, zu der wir sonst nicht gingen, weil wir wussten, dass dort eine Hütte stand. Die gehörte einem der Dorfbewohner, und der hatte uns mal erwischt und uns verboten, wieder herzukommen. Obwohl wir gar nichts gemacht hatten außer durch die Fenster zu spähen.

Die Bäume standen hier weiter auseinander, der Bach floss langsam und gleichmäßig. Aber er sah komisch aus. Das Wasser hatte eine eigenartige Färbung. An den Rändern sahen wir immer wieder den gleichen Schaum wie unten beim Spielplatz. Aber das alles nahmen wir nur am Rande wahr, weil es jetzt wichtiger war, Lily zu finden! Wir rannten immer schneller und standen schließlich vor der Holzhütte. Von da drinnen hörten wir meine kleine Schwester! Sie rief immer wieder meinen Namen.

»Wir sind da, Lily, wir befreien dich!«

»Paul, ich krieg die Tür nicht auf«, jammerte Lily mit aufgeregt kieksender Stimme. Der Griff bewegte sich hektisch auf und ab, Klopfgeräusche waren zu hören. Ich ruckelte und zerrte selbst daran, aber die Tür bewegte sich kein bisschen.

»Lass mich mal probieren.« Tom war stärker als ich, und ich machte ihm bereitwillig Platz. Doch auch er konnte die Tür nicht aufziehen, und nicht mal zu zweit schafften wir es. Ich blickte mit zusammengekniffenen Augen in die Ritze zwischen Rahmen und Tür, um zu sehen, ob abgeschlossen war. Aber ich konnte nichts erkennen, was das bewiesen hätte. Die Tür musste sich verklemmt haben. Sie sah total windschief aus und hatte sich regelrecht verkantet.

»Lass uns einen anderen Eingang finden«, sagte Tom. Wir gingen um die Hütte herum und entdeckten ein Fenster, durch das wir ins Innere schauten. Das musste früher mal ein Wochenendhäuschen gewesen sein, aber jetzt lag alles voller Gerümpel. Neben der Hütte stapelten sich Plastikkübel, und wir sahen auch Gummihandschuhe herumliegen. Aber was viel wichtiger war: Drinnen stand Lily mit überkreuzten Beinen da und sah unglücklich aus. Mich ergriff eine kalte Wut. Ich sah mich hektisch um. Dieses Fenster mussten wir einschlagen!

Tom war ein Stück weggegangen und kam mit einem dicken Stein zurück. Triumphierend hob er ihn hoch und warf mir einen fragenden Blick zu. Ich nickte grimmig, formte meine Hände zum Trichter, legte sie an die Scheibe und rief laut: »Lily, stell dich ganz dicht an die Tür, wir werfen das Fenster ein.«

Sie tat es, und Tom schleuderte den Stein in die Scheibe. Sie zerbarst sofort in tausend Stücke. Wir rannten zum Fenster, ich wollte hineinsteigen.

»Warte eine Sekunde.« Jacky hatte einen weiteren Stein genommen und schlug damit die Glassplitter aus dem Rahmen, die hochstanden. »Sei vorsichtig, da liegt jetzt alles voller Glas.«

Lily kam zum Fenster. »Gott sei Dank, dass du kommst, Paul«, wimmerte sie, »ich muss ganz dringend Pipi.«

Tom formte mit den Händen eine Räuberleiter für mich, so dass ich ganz leicht durch das Fenster krabbeln konnte, ohne mir wehzutun. Wirklich, ich kann gar nicht sagen, wie sich das anfühlte, als ich meine kleine Schwester im Arm hielt.

»Paul«, quietschte sie, »ich muss pullern! Ganz dringend!«

Ich giggelte erleichtert und hob sie hoch, damit Tom sie nach draußen ziehen konnte. Behände wie ein Eichhörnchen huschte sie hinter ein paar Hecken und erledigte ihr Geschäft. Anscheinend hatte sie überhaupt keine Angst gehabt!

Die anderen drehten sich natürlich um, als Lily sich hinhockte. Ich kletterte nach draußen und beobachtete Jacky, die sich offenbar für die großen Plastikbehälter interessierte, die dort überall herumlagen und vor sich hin stanken. Das roch nicht gut, irgendwie nach scharfer Seife, aber auch faulig, eigentlich sogar ziemlich bestialisch. Tom ging zum Bach und betrachtete die Schaumkrönchen, die darauf schwammen.

Maggie und ich kümmerten uns um Lily, die hinter der Hecke hervorgehüpft kam und noch den Knopf an ihrer Hose schloss.

»Wie geht es dir, Krümel?«

Maggie ging neben ihr in die Hocke, strich ihr eine Strähne aus dem Gesicht und klemmte ihr die Spange wieder ins Haar.

Lily runzelte die Stirn. »Das war vielleicht ein

doofes Spiel! Warum habt ihr denn zu Umit und Lasse gesagt, dass wir Verstecken spielen? Und dann dauert es zwölfzehn Stunden, bis endlich einer kommt!«

»Was?«, riefen Maggie und ich wie aus einem Mund. Sofort waren Tom und Jacky wieder bei uns.

»Na, ihr habt doch Verstecken spielen wollen, aber so war das eigentlich nicht ausgemacht! Es war voll fies von Lasse, dass er die Tür so fest zugeschlagen hat!« Sie stampfte mit dem Fuß auf, ihre Augen blitzten. »Ich habe die nicht mehr aufgekriegt.« Sie zog eine beleidigte Schnute.

5 Die Übeltäter anzeigen?

Es dauerte eine ganze Weile, bis wir Lily klarge-macht hatten, dass wir mit der Sache nichts zu tun hatten. Die beiden Doofies hatten das miese Spiel ganz allein ausgeheckt. Zuerst wollte Lily uns nicht glauben, weil sie es nicht kannte, dass jemand grundlos gemein war – schon gar nicht zu ihr.

Nachdem wir Krümel endlich überzeugt hatten, dass wir nicht hinter dieser Geschichte steckten, ließ sie sich rasch dazu bewegen, mit uns zurückzugehen. Maggie zog ihr Handy hervor und wählte die Nummer von zu Hause, dann reichte sie mir das Telefon, damit ich Mama Bescheid geben konnte. Ich musste fast heulen, als ich ihr sagte, dass wir Lily gefunden hatten und schon auf dem Rückweg waren.

Der Weg zur Naturfreundehütte, an der unsere Räder standen, führte am Bachlauf und dem Spielplatz vorbei. Tom ließ sich auf dem gesamten Weg darüber aus, wie grässlich es am Bach stank. Ehrlich gesagt fand ich das auch. Der Gestank war so scharf, dass er in der Nase beinahe wehtat.

»Seht ihr, da schwimmt schon wieder so eine Schauminsel.« Jacky kniete sich an den Uferrand und beugte sich weit vor, um ein wenig Schaum auf den Finger zu nehmen. Sie roch daran, verzog angewidert das Gesicht, dann verrieb sie das fluffige Zeug zwischen zwei Fingern. »Seltsam«, murmelte sie, rappelte sich umständlich wieder auf die Beine, wischte die Finger an ihren ausgebeulten Bermudas ab und stemmte die Hände in die Seiten. »Da stimmt was nicht. Das sind keine Algen, das riecht eindeutig nach Chemie.«

Lily hielt sich die Nase zu. »Können wir endlich heim? Ich habe einen Riesenbärenhunger!«

Maggie legte den Arm um Lilys Schulter, und wir gingen weiter, die Mädels voraus, Tom und ich dahinter.

Tom tippte auf Jackys Schulter. »Meinst du, da hat jemand was in den Bach gekippt?« Sie blieb stehen und nickte grimmig.

»Ganz sicher sogar. So was kann sich nicht von alleine bilden. Und die leeren Plastikkübel oben an der Hütte ... Vielleicht war das Zeug da drin. Was auch immer das ist.« Sie zog eine Nuss hervor, knackte die Schale auf und kaute auf dem Kern herum.

»Hast du für mich vielleicht auch eine?« Ich wollte mich von diesem Gestank ablenken. Der verflüchtigte sich zwar mit jedem Schritt, aber ich bildete mir ein, er klebte so fest in der Nase, dass er vermutlich für immer darin bleiben würde. Jacky förderte eine Handvoll Nüsse zutage, und Tom griff ebenso zu wie ich.

»Ich muss mir was überlegen. Das gefällt mir nicht«, sagte Jacky, dann lief sie zwei Schritte vor, um Lily die restlichen Nüsse zu geben. Krümel strahlte sie an und begann sofort damit, die Schalen aufzuknacken.

Wenig später erreichten wir den Spielplatz. Maggie sprang als Erste aus dem Unterholz, gefolgt von Lily.

»Papa!«, rief die dann.

Tatsächlich stand Paps am oberen Ende in der Nähe des Naturfreundehauses und blickte ratlos über den Platz. Hinter ihm konnte ich Onkel Tobi sehen, der genauso die Blicke schweifen ließ. Anscheinend hatte Paps ihn gebeten, mit ihm auf die Suche zu gehen. Paps zuckte zusammen, als Lily nach ihm rief. Dann rannte er plötzlich in großen Sätzen quer über die Spielwiese auf uns zu. »Lily!« schrie er. Seine Stimme klang überhaupt nicht sauer.

Er kniete sich ins Gras und zog meine kleine Schwester fest in die Arme, dann sah er zu mir auf. »Habt ihr gewusst, wo ihr suchen müsst? Ich war schon ganz verzweifelt!«

»Hm, wir haben einen Tipp bekommen …«

»Einen Tipp?«, erklang Onkel Tobis Stimme hinter Papas Rücken. »Von wem denn?«

Eigentlich hatte ich mir ja geschworen, nach der Sache mit dem Hund in Mamas Bauch nie wieder mit ihm zu reden. Allerdings erkannte ich an seinem Blick, dass er sich mindestens genauso große Sorgen um Lily gemacht haben musste wie Paps und ich. Also beschloss ich, ihm zu verzeihen.

»Ein Junge aus unserer Schule hat gesagt, wir sollten mal im Wald nachsehen.«

Paps hob Lily auf den Arm und stand mit ihr wieder auf. »Wer war das?«

»Umit aus der Parallelklasse. Er sagte, vielleicht wäre sie im Wald.«

Onkel Tobi rieb sich den kurzen Bart. »Steht dort nicht eine alte Hütte? Habt ihr Lily da gefunden?«

Grimmig nickte ich. »Umit und Lasse haben Lily dorthin geführt und ihr gesagt, wir würden Verstecken spielen.«

Onkel Tobi verzog nachdenklich das Gesicht, dann sagte er: »Der Sohn des Bürgermeisters? Sowas macht der? Hätte ich nicht gedacht.«

»Ach komm«, wandte Paps ein. »Die beiden sind jetzt nicht da, um sich verteidigen. Alle Kinder spielen mal missglückte Streiche.« Das war ja wieder sowas von typisch! Echt jetzt? Paps musste immer alles herunterspielen, was ich je gegen irgendjemand anderen sagte – egal, ob es dabei um Lehrer ging oder andere Schüler. Er wollte immer an das Gute in allen glauben und sich nicht vorstellen, dass Menschen anderen absichtlich schadeten. Und dann hatte Paps auch noch einen Gerechtigkeitstick. Wenn ich mich mal über einen Lehrer beschwerte, schnitt er mir meistens das Wort ab und sagte, es wäre ungerecht, über jemanden schlecht zu sprechen, wenn derjenige sich nicht wehren konnte. Tja, was sollte ich darauf antworten? Mama war da leider auch keine große Hilfe, und ich glaube, das hing mit ihren Berufen zusammen. Meine Oma sagte mal, dass es für Kinder keine härtere Strafe gäbe, als Eltern zu haben, die Pädagogen sind. Offensichtlich durfte ich jetzt nichts sagen, was andere Kinder falsch gemacht hatten. Obwohl ich ja wohl absolut im Recht war.

Onkel Tobi zwinkerte mir zu und zog kurz die Schultern hoch. Vielleicht fand er, dass wir genug Aufregung gehabt hatten und jetzt nicht der Zeitpunkt zum Reden war. Außerdem wartete Mama zu Hause. Paps rief sie mit dem Handy an, dann nahmen er und Onkel Tobi Lily im Auto mit; wir radelten hinterher. Eigentlich war es längst Zeit für meine Freunde, nach Hause zu fahren, aber sie wollten unbedingt noch mit zu uns, um zu erfahren, wie es mit der Polizei weiterging.

Als wir Lily zu ihr brachten, heulte Mama los wie ein Schlosshund und bekam keinen zusammenhängenden Satz mehr raus. Dann schmierte sie für Lily ein Brot mit Erdnussbutter und Nusscreme. Ich wusste gar nicht, dass wir welche im Haus hatten. Normalerweise zählten diese beiden Brotaufstriche bei uns nämlich zu den verbotenen Lebensmitteln, weil sie nach Mamas Ansicht zu viel Fett und Zucker enthielten. Aber das war jetzt anscheinend egal.

Die Polizistin fragte uns, wo genau wir Lily gefunden hätten. Wir berichteten von Lasses und

Umits Streich, dem Versteckspiel und der verklemmten Tür.

Die Polizeibeamtin runzelte die Stirn. »Lasse Knocke, der Sohn des Bürgermeisters?«

»Ja, genau der«, bestätigte Maggie mit verschränkten Armen. Die Erwachsenen sahen sich betreten an. Dann setzte die Polizistin umständlich ihre Mütze auf.

»Ich werde mit den Eltern sprechen.«

Paps räusperte sich. »Na ja, das war ein missglückter Kinderstreich. Ich denke, Lasse wird einsehen, dass er und sein Freund einen Fehler gemacht haben, und sich entschuldigen.«

Mama sah auf, dachte kurz nach und nickte. »Ja, du hast recht.« Sie zog die Augenbrauen zusammen und blickte auf Lily. »Sag mal, kleines Fräulein, wieso bist du überhaupt mit den beiden Jungs gegangen? Haben wir dir nicht schon hundertmal erklärt, dass du so etwas nicht darfst?«

»Das waren Lasse und Umit, Mama! Die kenn ich doch!«, rief Lily aus.

Mama verzog den Mund. »Trotzdem. Du darfst nicht mit den großen Jungs mitlaufen. Auch wenn du sie kennst. Ich möchte so etwas nicht nochmal erleben, ist das klar?«

»Schatz …«, wandte Paps sich an Mama, doch sie schüttelte den Kopf und nahm Lilys Hände in ihre. »Du gehst nie wieder mit jemand anderem mit, wenn dein Bruder dir sagt, dass du warten sollst.«

Lily schob die Unterlippe vor. »Wir spielen sonst auch mit Lasse«, murmelte sie.

Mama seufzte.

»Ich wollte doch nur warten, bis die Kapisten mich finden«, erklärte Lily.

Bei dem Wort »Kapisten« zuckte Paps kurz zusammen. Er fand unseren Bandennamen nämlich doof. Onkel Tobi zog eine Augenbraue hoch. Als kleiner Junge habe ich dann immer mit einem Finger über diese Braue gestrichen. Ich musste mich bremsen, um das nicht mehr zu tun. Aber jetzt hatte ich mich ja mit ihm ausgesöhnt, also konnte ich ihm auch erklären, was es mit den Kapisten auf sich hatte.

»Die Kapisten, das sind wir vier«, erklärte ich ihm und deutete auf meine Freunde.

»Kapisten ist von kapieren abgeleitet«, fügte Jacky hinzu.

»Ach so.« Er nickte und reckte einen Daumen in die Höhe. »Ihr seid also die Checker, die mit dem Durchblick.«

»Genau.« Jacky grinste.

»Wie sollen wir denn nun verfahren?«, fragte die Polizistin. Ihr Kollege hatte unsere Wohnung inzwischen verlassen, sie selbst hatte gleich nach unserem Auftauchen der Zentrale Bescheid gegeben, dass die Suchaktion abgebrochen werden könne.

Paps sah Mama an. Sie hatte neben Lily gesessen. Jetzt stand sie auf und strich sich die Haare aus der Stirn. »Tja ... Sollen wir da jetzt wirklich ein großes Ding draus machen?«

Ich schnappte nach Luft. Jacky wühlte aufgeregt in ihrer Hosentasche.

»Da ist noch was anderes«, sagte sie, aber nur Onkel Tobi hörte ihr zu. Mama und Paps berieten sich leise mit der Polizistin. Ich konnte es mir schon denken: Bestimmt wollte Paps seine Freundschaft mit Lasses Vater nicht aufs Spiel setzen. Schließlich kannten sie sich schon von der Grundschule her. Lasse würde also mal wieder keinen Ärger bekommen, obwohl er Mist gebaut hatte!

Lieber wandte ich mich also Jacky zu, die meinem Onkel berichtete, dass es im Wald in der Nähe des Baches so eklig gerochen hatte. Ich erzählte ihm auch von den Schaumflocken im Wasser, und Tom erwähnte die Plastikkübel bei dem verlassenen Häuschen.

Die letzten Worte hatte Paps mitbekommen. Er winkte ungeduldig ab. »Für so etwas haben wir jetzt keine Zeit. Es sind zuerst mal andere Dinge zu klären.«

Onkel Tobi sah Paps eine Weile an und zuckte dann die Schultern. »Bestimmt gibt es eine ganz harmlose Erklärung«, waren seine Worte.

Mehr hatten sie dazu nicht zu sagen? Ich sah, wie enttäuscht meine drei Freunde waren, als sie beschlossen, nach Hause zu fahren, und brachte sie zur Tür. Als wir uns verabschiedeten, kam

Onkel Tobi heraus. »Das schmeckt euch nicht, habe ich recht?«

Ich stemmte die Hände in die Hüften. »Nee, das schmeckt uns ganz und gar nicht. Nicht nur, dass Lasse und Umit bestraft gehören, und zwar richtig ...«

Maggie nickte heftig und fiel mir ins Wort: »Es ist auch eine Sauerei, dass die Erwachsenen einem nie richtig zuhören wollen! Was wir im Wald gesehen haben, ist nicht in Ordnung.«

Mein Onkel strich sich wieder durch seinen dunklen Bart. »Hm ... Ihr wisst aber nichts Genaues, richtig? Ihr habt nur schmuddeliges Wasser und Abfall gesehen.«

»Und es hat gestunken«, fügte Jacky hinzu. »Nach Chemie.«

»Nach Chemie ... Okay, dann kann ich euch eigentlich nur raten, der Sache nachzugehen. Wisst ihr«, er beugte sich ein Stück näher zu uns, »wenn da wirklich etwas Krummes läuft, könnt ihr Meldung machen. Es gibt Stellen, an denen man solche Dinge anzeigen kann, das Umweltamt zum Beispiel. Soll ich mal im Internet danach suchen?«

»Das kann ich selbst machen«, sagte Jacky. Onkel Tobi nickte und hob einen Daumen hoch.

»Aber was, wenn uns keiner glaubt?« wandte ich ein. »Wir sind ja noch Kinder.« Sowas kannte ich ja nur zu gut von meinen Eltern. Ich brauchte doch nur zu sehen, wie die jetzt in ihre Gespräche vertieft waren und unseren Bericht gar nicht erst hören wollten.

Onkel Tobi sah nachdenklich von einem zum anderen. »Da bleibt euch wohl nur eins übrig: Ihr müsst Beweise finden.«

In diesem Moment kam Paps mit der Polizistin durch den Flur, und Onkel Tobi straffte die Schultern. Er machte ein Gesicht wie Lily, wenn ich sie beim Plündern meines geheimen Süßigkeitenvorrats ertappte. Paps warf ihm einen strengen Blick zu, also murmelte Onkel Tobi nur noch leise »Tschüss« und verkrümelte sich, als auch die Polizistin zur Tür hinausging.

Mist! Vielleicht hätte er uns noch mehr sagen können. Ich sah in den Augen meiner Freunde, dass sie genauso nachdenklich geworden waren wie ich selbst.

Paps ließ uns aber keine Chance mehr. Er schickte die Kapisten nach Hause und mich ins Bett. Ob die Polizei noch mit Umits und Lasses Eltern reden würde, erfuhr ich nicht mehr. Aber als ich im Bett lag, nahm ich mir fest vor, in dieser Sache nicht lockerzulassen.

6 Zur Rede gestellt

Am nächsten Morgen erklärten Mama und Paps mir, warum sie diese Angelegenheit nicht »an die große Glocke hängen« wollten, wie sie es nannten. Ich müsse das verstehen; allzu schnell sei jemand *vorverurteilt*, es würden Gerüchte in die Welt gesetzt, und schließlich sei ja nichts Schlimmes passiert. Mit »nichts Schlimmes« meinten sie die Tatsache, dass zwei kleine Spackos meine Schwester verschleppt und in einer verlassenen Waldhütte zurückgelassen hatten! Das machte mich so wütend, dass ich die beiden fast angebrüllt hätte. Aber leider weiß ich aus Erfahrung, dass sie dann komplett auf stur schalten.

Ich fühlte mich im Stich gelassen. Umit und Lasse, diese Zecken, hatten Lily einfach so vom Supermarkt weggelockt und dann in einer Hütte eingeschlossen! Das ist doch – ich weiß nicht genau – Entführung oder so. Ich beschloss sofort, dass ich nicht klein beigeben würde wie meine Eltern. Überhaupt verstand ich auch ihre *Argumentation* nicht. Auch eines ihrer Lieblingswörter. Typisch Pädagogen!

Der Bürgermeister täte ja angeblich so viel Gutes, vor allem für die Kinder unserer Stadt, und jeder Junge hätte schon mal etwas Dummes gemacht, außerdem wäre doch alles gut ausgegangen. Mal ganz abgesehen davon hätten die Jungs nichts dafür gekonnt, dass die Tür sich verkantete und wir sie nicht mehr aufbekamen. Und hatten die beiden uns nicht sogar selbst gesagt, wo wir Lily finden würden?

Ich verschränkte die Arme und hörte mir alles an, ohne auch nur *piep* zu machen. Sie sahen mir wohl am Gesicht an, wie sauer ich war, und redeten immer noch weiter.

»Paul, stell dir mal vor, dir würde so etwas aus Versehen passieren. Dann fändest du es doch auch ungerecht, wenn die ganze Stadt es erfahren und darüber reden würde, oder nicht?« Mama legte mir die Hand auf die Schulter und sah mir in die Augen, als sie das sagte.

»Ich habe gestern Abend mit Lasses und Umits Eltern telefoniert«, fuhr Paps fort, »und ihnen erklärt, wie schlimm das für uns alle war. Sie haben mir fest versprochen, dass sie den Jungs ins Gewissen reden wollen. Außerdem bekommen die beiden eine Woche Fernseh- und Handyverbot. Ich finde, das ist eine angemessene Strafe.«

Danach reichte Mama mir mein Schulbrot, Paps stand auf und griff nach seiner Schultasche. Sie warteten gar nicht mehr ab, ob ich noch was dazu sagen wollte. Ich war mir auch ganz kurz unsicher, ob sie vielleicht recht hatten. Aber dann dachte ich daran, dass keiner von den Kapisten ein kleines Kind je allein im Wald zurücklassen würde. Und Umit hatte sich von Lasse dazu bringen lassen, nichts zu uns zu sagen. Das war nicht in Ordnung, und von einer Entschuldigung war ja auch keine Rede. Ich fand, die zwei müssten sich wenigstens richtig bei Lily und auch bei uns entschuldigen.

Und dann war da noch die Sache mit dem Müll im Wald und dem ganzen Dreck im Bach. Ganz ehrlich? Nach der Gardinenpredigt meiner Eltern über die *gerechte Strafe* von Lasse und Umit beschloss ich, davon erst gar nichts mehr zu sagen. Diese Sache wollten die Kapisten und ich lieber selbst in die Hand nehmen.

Insgeheim beschloss ich also, dass ich mit meinen Kumpels die Übeltäter zur Rede stellen würde.

In der großen Pause war es so weit, die Kapisten legten los. Lasse und Umit versuchten, sich am Rand des Schulhofs zu verstecken, aber wir fanden sie natürlich sofort. Tom baute sich drohend vor Lasse auf. Er überragte ihn um einen halben Kopf – genau wie mich übrigens. Aber Lasse ist nicht gerade ein Angsthase, und so ließ er sich auch nicht einschüchtern. Er sah kurz zur Seite, ob Umit neben ihm stand, dann reckte er das Kinn vor.

»Was willst du?«

»Ihr beide habt gestern was … Illegales getan«, erklärte Tom, und er zögerte wirklich nur eine Millisekunde bei dem ungewohnten Wort. Jacky hatte uns natürlich an diesem Morgen bereits erklärt, was »illegal« bedeutete. Das sagte man, wenn einer gegen ein Gesetz verstieß. Jemanden zu entführen und einzusperren, war gegen das Gesetz und damit illegal.

Umit öffnete den Mund und starrte uns wortlos an, sein Freund runzelte die Stirn. Nach ein paar Sekunden fragte er: »Hä?«

Ich trat ein kleines Stück vor Tom. »Ihr habt meine kleine Schwester entführt, das ist Kidnapping.«

Lasse warf wieder einen Blick auf Umit, dann zeigte er uns einen Vogel. »Ihr spinnt wohl. Woher wollt ihr denn wissen, dass wir mit der Sache etwas zu tun hatten?«

Umit zog den Kopf zwischen die Schultern.

»Pauls Schwester ist kein Baby, das noch nicht sprechen kann, du Schnellmerker! Sie hat es uns natürlich selbst gesagt.« Das war Maggie. Lasse verzog das Gesicht. Er fand Maggie eigentlich toll, das wusste ich. Und nun spottete ausgerechnet sie über ihn.

»Pah!«, stieß er aus. »Dummes Mädchengelaber. Wir wissen doch gar nicht, wo diese angebliche Hütte im Wald sein soll.«

Er verstummte und lief feuerrot an. Anscheinend hatte er selbst bemerkt, dass er sich damit gerade verraten hatte. Woher hätte er sonst gewusst, wo Lily eingesperrt gewesen war?

Jacky trat zwischen Tom und mir nach vorne, wir machten Platz für sie. Sie war mit Worten eh die Beste von uns allen. »Ihr habt Glück, wenn wir euch nicht anzeigen. Seid euch darüber im

Klaren, dass wir genau wissen, was ihr getan habt.« Sie hob einen Zeigefinger an die Schläfe und zeigte zuerst auf Lasse, dann auf Umit, der zusammenzuckte und einen noch ängstlicheren Gesichtsausdruck bekam als vorher.

»Wir wissen, dass die Idee nicht von dir gekommen ist, Umit. Aber dein feiner Boss da hat noch nicht so richtig begriffen, wo die Grenzen sind. Noch eine solche illegale Tat, und wir zeigen euch an. Dann kommt ihr in ein Heim für kriminelle Kinder und Jugendliche.«

Das stimmte natürlich nicht, Jacky hatte uns aufgeklärt. Die beiden waren mit elf und zwölf Jahren noch nicht strafmündig. Aber Jacky hatte gemeint, ein guter Bluff könnte nicht schaden. Man müsste nur selbstbewusst genug auftreten, wie beim Poker.

Jedenfalls erreichte der Bluff sein Ziel. Die beiden wirkten ganz schön eingeschüchtert. Jetzt mal ehrlich, das war ein kleiner Preis für das schlechte Gewissen, mit dem ich mich gestern hatte plagen müssen. Und erst recht für die Angst, die sie meiner Schwester, mir und meinen Eltern eingejagt hatten.

Lasse sagte nichts mehr, Umit nickte. Schade, dass er sich von Lasse zu so viel Mist mitreißen ließ. Er war wahrscheinlich gar nicht so doof.

Wir Kapisten zogen jedenfalls wie vier Superheros davon in dem guten Gefühl, meine Schwester gerächt zu haben. Die beiden würden uns so bald keinen Ärger mehr machen. Dachten wir.

In der anderen Ecke des Pausenhofs scharte Jacky uns um sich. »Hört mal zu, ich habe mir so meine Gedanken gemacht wegen der Umweltsache.«

»Umweltsache?«, hakte Tom nach.

»Ja, die Wasserverschmutzung im Waldbach und der Gestank. Also, ich habe gestern mal ein bisschen rercherchiert …« Sie betrachtete uns prüfend der Reihe nach.

»Recher-was?« Tom verzog fragend das Gesicht.

»Gegoogelt, Infos gesucht … recherchiert eben.« Tom nickte, also fuhr sie fort: »Man kann die Qualität von Wasser überprüfen, sogar ganz leicht. Es gibt Teststäbchen, mit denen man zum Beispiel den pH-Wert bestimmen kann. Der gibt an, wie viel Lauge oder Säure im Wasser ist – na ja«, sie zuckte mit der Schulter, »so ungefähr. Es gibt einen pH-Wert, der für Mensch und Tier optimal ist, und wenn das Wasser da zu weit drüber oder drunter liegt, ist es nicht mehr gesund. Für uns nicht, aber auch für das Ökosystem nicht. Also für die Fische, Tiere, Pflanzen und Bakterien.« Wieder hielt sie inne und sah uns abwartend an.

»Ja, alles klar soweit«, sagte ich.

»Ich habe solche Teststreifen. Wir haben sie für unser Aquarium gekauft.«

Cool, auf welche Ideen Jacky kam. Ich runzelte die Stirn. »Erinnerst du dich an das, was mein Onkel gestern sagte? Wenn wir Beweise bringen können, nimmt man uns eher ernst. Dann können wir eine Meldung machen.«

»Ja, genau. Wir testen das Wasser, und wenn der Wert nicht stimmt, melden wir es diesem Amt, das er genannt hat.«

»Dem Umweltamt«, murmelte Tom. Er grinste. »Meine Tante arbeitet dort, deshalb konnte ich mir das merken.«

Damit war es beschlossene Sache.

In der folgenden Unterrichtsstunde geschah dann aber etwas ziemlich Scheußliches: Die Kapisten wurden ins Lehrerzimmer gerufen! Lasse und Umit standen schon dort. Lasse grinste zufrieden, während Umit feuerrot angelaufen war und die ganze Zeit auf den Boden starrte. Herr Kugelschrieb, der Lehrer der Parallelklasse, saß neben den beiden auf der Tischkante, die Beine übereinandergeschlagen. Herr Kugelschrieb war mir unheimlich, denn er hatte ein richtiges Pokerface. Seine Augen sahen immer unbewegt aus. Wenn er nicht wollte, dass man merkte, was er dachte, verzog er nicht mal die Mundwinkel. Mit genau diesem undurchschaubaren Blick sah er uns entgegen. Sofort fühlte ich mich unbehaglich, obwohl wir vier nichts angestellt hatten.

Dann kam die Direktorin aus dem Nebenzimmer. »Ah, da seid ihr ja.« Sie wirkte aufgebracht, aber ich konnte nicht erkennen, ob unseretwegen oder wegen der beiden Zecken. Allerdings konnte ich mir nicht vorstellen, dass Lasse und Umit gebeichtet hatten. Die hatten wohl eher etwas gegen uns gesagt.

Und genau so war es. Herr Kugelschrieb sah uns nacheinander in die Augen. Maggie hibbelte sofort von einem Fuß auf den anderen, Jacky verzog keine Miene, Tom wirkte plötzlich gar nicht mehr so cool wie sonst, und mir selbst wurde abwechselnd heiß und kalt. Mist aber auch!

»Ihr vier habt etwas getan, worüber wir reden müssen.«

Wir hatten etwas getan?

Herr Kugelschrieb hob eine Hand, bevor einer von uns etwas sagen konnte. »Lasst mich ausreden. Ihr habt Lasse und Umit bedroht. Ihr sagtet, ihr würdet sie beim Jugendamt anzeigen.«

Ich schnappte nach Luft. *Jugendamt?*

»Wie kommt ihr dazu, so etwas zu sagen?« Das war die Direktorin. Ihre Stimme klang vorsichtig. Aha, sie hatte also noch kein Urteil über uns gefällt.

Tom zeigte auf Lasse und Umit. »Die beiden haben gestern Pauls kleine Schwester entführt und im Wald in einer Hütte versteckt.«

Herr Kugelschrieb zog die Brauen hoch. »Wie bitte?« Er wandte sich an die beiden. Umit zog den Kopf noch ein bisschen mehr zwischen die Schultern, während Lasse das Kinn vorstreckte.

»Das ist doch Schwachsinn. Wir haben Lily nicht entführt! Die vier hier haben sie geärgert, und sie wollte ihnen einen Denkzettel verpassen. Deshalb fragte sie uns nach einem supercoolen Versteck, das die vier nicht so leicht finden würden. Und alle Kinder spielen gern im Wald. Also, was ist schon dabei?«

Mir wurde heiß und kalt. So eine unverschämte Lüge! »Das stimmt nicht!«, schrie ich, aber sowohl Herr Kugelschrieb als auch Frau Lange runzelten die Stirn, als meine Stimme dabei umkippte.

»Es stimmt wirklich nicht«, erklärte Jacky ruhig. Maggie wiegte den Oberkörper hin und her, woran ich erkannte, dass sie kurz vorm Ausflippen stand. Frau Lange registrierte es ebenfalls; sie stellte sich neben Maggie und legte ihr die Hand auf die Schulter. Wenn Maggie sehr angespannt war, konnte es passieren, dass sie über Bänke sprang, mit Gegenständen um sich warf oder solche Sachen. Sie hatte jetzt ein Lineal fest ins Visier genommen, das auf dem Tisch lag. Frau Lange schaffte es aber anscheinend, sie zu beruhigen.

Lasse stieß Umit an. »Sag du doch auch mal was dazu.«

Umit schrak zusammen, sein Blick huschte kurz zu mir rüber, dann wieder nach unten. »Was Lasse sagt, stimmt«, murmelte er.

»Sie hat uns angebettelt, dass wir ihr ein tolles Versteck zeigen sollen, und zwar möglichst weit weg, damit ihr doofer Bruder lange suchen muss.« Ich machte einen Schritt auf ihn zu und blitzte ihn an. »Hey«, schnappte er, »das sind nicht meine Worte. *Sie* hat ›doofer Bruder‹ gesagt.«

»Nun ist gut, Lasse«, mischte sich Herr Kugelschrieb ein. »Es steht Aussage gegen Aussage«, wandte er sich an Frau Lange.

»Aber wir sind vier, die sind nur zwei«, wagte Tom einzuwenden. Er wirkte jetzt wieder cooler als vorher, vielleicht, weil die Lüge von Lasse so unfassbar war, dass er damit doch niemals durchkommen würde. Tom wusste das Recht auf seiner Seite.

»Fünf mit Lily«, sagte Jacky.

Ich wedelte mit der Hand durch die Luft. »Wir mussten sogar die Polizei rufen, weil Lily verschwunden war!«

Frau Lange rieb sich nachdenklich die Stirn und ließ den Blick zwischen Lasse, Umit und uns hin und her schweifen. Dann sah sie durch das Fenster nach draußen auf das riesige Klettergerüst, das der Bürgermeister erst vor Kurzem in einem festlichen Akt eingeweiht hatte. Die halbe Stadt hatte sich zwischen Biertischgarnituren, Ess- und Trinkbuden auf dem Schulhof zusammengefunden und gefeiert. Sie dachte nach, und durch meine Erfahrung mit Pädagogen und mit

Eltern glaubte ich, dass ich ziemlich gut erkannte, was in ihrem Kopf vor sich ging: Sie machte sich nämlich die gleichen Gedanken wie meine Eltern. War es diese *Kinderangelegenheit* wert, weiter verfolgt zu werden? Sollte die Schule wirklich riskieren, es sich wegen so einer Sache mit dem Bürgermeister zu verscherzen?

Tja, anscheinend war es leichter, das Ganze herunterzuspielen und so zu tun, als ob das alles nur ein harmloser Streich gewesen wäre, den man leicht verzeihen konnte. Ernsthaft, und das waren erwachsene Menschen! Meine Meinung von ihnen war in diesem Moment nicht besonders hoch.

»Hört mir mal zu, Kinder. Ich möchte, dass ihr aufhört, euch gegenseitig zu bezichtigen.« Pah, jetzt fing sie an, hochgestochene Wörter zu verwenden. »Ihr sollt euch vertragen. Ich erwarte, dass dieser Streit hiermit beendet ist.«

An Lasse gewandt, sagte sie: »Selbst, wenn Pauls kleine Schwester von euch ein tolles Versteck gezeigt haben wollte, hättet ihr sie nicht in den Wald bringen dürfen.« Sie hob die Stimme, damit Lasse ihr nicht ins Wort fiel. »Ich erwarte, dass ihr euch mehr Gedanken über die Folgen eures Handelns macht, damit so etwas nicht wieder vorkommt. Überhaupt solltet ihr euch nicht einmischen, wenn Geschwister untereinander Streitigkeiten austragen.«

Damit nahm sie uns allen den Wind aus den Segeln. Trotzdem war es einfach grundfalsch, was hier ablief. Lasse schien mit seiner rotzfrechen Lüge einfach so davonzukommen! Ich öffnete den Mund, um zu protestieren, doch sie hob den Zeigefinger, und ich klappte ihn wieder zu. »Ich verstehe, dass du dich ungerecht behandelt fühlst, aber es bringt niemandem etwas, da weiter herumzustochern. Du und deine Freunde, ihr habt auch etwas getan, was ich an meiner Schule nicht billige. Niemand droht einem anderen mit Jugendamt oder Polizei. Habe ich mich klar ausgedrückt?«

Herr Kugelschrieb stand jetzt auf, als ob er sie mit seiner Größe unterstützen wollte. In mir ging die Falltür runter, die ich auch herunterfallen lasse, wenn meine Eltern die Gerechtigkeitsapostel heraushängen und mich nicht mal meine Sicht der Dinge vorbringen lassen. Hier lief doch gerade genau das gleiche Spiel ab.

Frau Lange drehte sich um, murmelte etwas von Arbeit, die ihr wieder mal über den Kopf wuchs, und Herr Kugelschrieb scheuchte uns nach draußen. Auf dem Weg zu unseren Klassen zog Lasse eine triumphierende Grimasse in unsere Richtung, dabei hatte er auch nicht besser dagestanden als wir. Bloß, dass er für seine Tat nicht mal bestraft worden war. Mich tröstete nur, dass es ihm nicht gelungen war, uns mit seiner frechen Lüge noch tiefer in den Schlamassel zu reiten.

Bestimmt hatte er auf Strafarbeit und Nachsitzen für die Kapisten gehofft. Das blieb uns zum Glück erspart.

Wir beschlossen, »Boss« ab jetzt komplett zu ignorieren. Der war für uns gestorben.

7 Forscher für die Umwelt

Meine Eltern waren am Nachmittag wieder unterwegs, sodass ich in aller Ruhe mit den Kapisten ermitteln konnte. Um Lily brauchte ich mich dieses Mal nicht zu kümmern, weil sie bei einer Freundin untergebracht war.

Nachdem wir uns vor Jackys Haus versammelt hatten, radelten wir also gemeinsam zum Wald hinauf, ketteten unsere Räder auf dem Parkplatz an den Zaun und zogen mit Teststreifen, mehreren Plastikbehältern und Fotoapparat in einem Korb zum Bach. Ich hatte einen Streifen Klebeetiketten eingepackt.

Wir nahmen ganz unten, beim Spielplatz, eine Wasserprobe und beschrifteten einen der Aufkleber mit »Probe 1: Spielplatz, alte Eiche«. So würden wir später ganz genau sagen können, wo wir das Wasser entnommen hatten.

Genauso gingen wir weiter oben vor, an fünf verschiedenen Stellen. Probe Nummer 6 schöpften wir neben dem Häuschen aus dem Bach. Hier sah das Wasser eigentlich ganz normal aus, aber Probe Nummer 5 war wirklich eklig. Dort schwamm viel Schaum, und es stank bestialisch, wenn man zu dicht ranging. An jeder Stelle machten wir außerdem ein Foto, wobei wir den Behälter mit der jeweiligen Probe neben den Bach stellten. Mehr als sechs Behälter hatten wir nicht.

»Ich glaube, das reicht auch«, erklärte Jacky.

»Wann halten wir die Teststreifen rein?«, fragte Tom. Er hatte rote Wangen vor Aufregung, genau wie Maggie, die um sich blickte. Sie stieß ein Keuchen aus. »Die Plastikkübel sind weg!«

Da fiel es mir auch endlich auf. Gestern hatten hier doch große Plastikkanister herumgelegen. Heute war nichts mehr davon zu sehen! Überhaupt schien um das Häuschen herum aufgeräumt worden zu sein. Und wenn man genauer hinsah, bemerkte man auch, dass die schaumigen Stellen im Bach weniger und kleiner geworden waren. Aber natürlich bekam man einen Bach in der freien Natur nicht so schnell wieder sauber.

Ich rieb mir die Nase. »Meint ihr, jemand hat versucht, die Spuren zu verwischen?«

»Ja, sieht ganz so aus.« Tom war zur Hütte gegangen und stand nun vor dem Fenster, das wir gestern eingeworfen hatten, um Lily zu befreien. Im Rahmen steckte eine große Pappe, die den Blick nach innen versperrte. Er kratzte sich am Kopf. »Die waren ganz schön schnell.«

Jacky war zur anderen Seite des Hauses gegangen. Dort führte ein schmaler Weg aus dem Wald hinaus zum nächsten Ort. Sie rief: »Hier sind Reifenspuren. Die könnten von einem Transporter oder Jeep stammen.« Sie kam zurück. »Am besten, wir verschwinden. Wer weiß, wann die wiederkommen!«

Mit einem Mal wurde mir mulmig zumute. Unser kleines Abenteuer wurde gefährlich. Was würde geschehen, wenn diejenigen, die die Sachen hatten verschwinden lassen, hier aufkreuzten? Mir schoss ein weiterer Gedanke durch den Kopf. Beinahe hatte ich ihn gestern schon gedacht, aber durch all den Ärger über die Erwachsenen und ihr Herunterspielen hatte er sich verzogen, bevor ich ihn zu Ende denken konnte: Wem gehörte eigentlich diese Hütte? Ich konnte mich noch erinnern, wie dieser alte Mann uns vor einigen Jahren von hier verjagt hatte. Aber wie er ausgesehen hatte, wusste ich nicht mehr genau. Offenbar hatten Lasse oder Umit ja gewusst, dass das Häuschen hier am Bachlauf stand, obwohl man es vom Spazierweg aus nicht erreichen konnte. Der Zufahrtweg lag nämlich auf der anderen Seite. Kannten die zwei vielleicht den Besitzer? Und, schoss es mir durch den Kopf, sollte da etwas vertuscht werden? Hatte nicht sogar Onkel Tobi zuerst gezögert, bevor er uns dann den Tipp mit dem Umweltamt gegeben hatte? Eigenartig.

»Nichts wie weg hier«, drängte Maggie und stellte hastig den letzten Probenbehälter in den Korb. Sie sah über ihre Schulter, als fühle sie sich von einem Gespenst verfolgt, und murmelte: »Ich glaube, ich höre ein Auto!«

Erschrocken liefen wir los und stolperten den Bach entlang zurück bis zum Spielplatz. Als wir auf die andere Seite sprangen, kullerten in Maggies Korb die Plastikboxen durcheinander.

»Pass auf!«, zischte Tom.

Maggie hielt den Korb hoch und kontrollierte, ob die Behälter noch alle verschlossen waren. »Nichts passiert.«

Jetzt hätten wir uns eigentlich oben auf die Bank setzen können, um die Tests endlich durchzuführen. Aber inzwischen waren ein paar Mamis mit kleinen Kindern aufgekreuzt, die mehrere Picknickdecken ausgebreitet hatten. Die Kleinen spielten im Sandkasten und auf den anderen Spielgeräten. Zwei Kinder in Lilys Alter hatten sich mit Schaufel und Eimern bewaffnet und schlenderten auf den Bach zu. Sie trugen Buddelhosen und Gummistiefel, also waren ihre Mamas wohl damit einverstanden, dass sie am Bach spielten.

Mir wurde übel. Jacky hatte anscheinend den gleichen Gedanken, sie sah mich unsicher an. Das ist das Komische an unserer Bande: Jacky ist die Intelligenteste, Tom der Coolste und Maggie die »Erwachsenste« von uns, aber wenn es um Entscheidungen geht, fragen sie mich. Ich brauchte nicht lange nachzudenken. Es war klar, dass wir keine Einzelheiten verraten würden – schließlich hatten wir ja allzu deutlich bemerkt, wohin es führte, wenn wir den Erwachsenen die ganze Wahrheit sagten. Aber wir mussten die Mamis dieser Kinder warnen. Wer weiß, was sie sich im Wasser einfangen konnten!

»Geht schon mal zum Parkplatz hoch, ich sage

Bescheid und komme nach.« Die drei nickten und verzogen sich unauffällig, während ich zu den Picknickdecken lief, auf denen die Mütter saßen, Kaffee tranken und sich unterhielten. Eine von ihnen ließ ein Baby auf ihrem Schoß hüpfen.

»Ähm, Entschuldigung«, rief ich.

Sie drehten sich zu mir um. Da erkannte ich Frau Knocke, die Mama von Lasse. Jetzt wusste ich auch wieder, woher ich das Mädchen in Buddelhose und Gummistiefeln kannte. Es war Lasses kleine Schwester. »Alarmstufe rot«, dachte ich. Jetzt musste ich noch vorsichtiger sein, was ich den Frauen erzählte.

Wenn Lasses Mutter seine Schwester seelenruhig im Bach spielen ließ, bedeutete das allerdings, dass sie nichts von der Verschmutzung ahnte.

Hm, egal. Ich nahm meinen Mut zusammen. »Der Bach ist irgendwie nicht so richtig sauber. Ich glaub, es wäre besser, die Kleinen nicht da spielen zu lassen.«

Die Frau mit dem Baby drehte sofort den Kopf in die Richtung, in der die beiden Kindergartenkinder verschwunden waren, und rief: »Timmi, Ronja, bitte kommt mal her. Ich habe hier noch Kekse für euch!«

Frau Knocke runzelte die Stirn und betrachtete mich. »Bist du nicht der große Bruder von Lily?«

Ich nickte betreten. Was Lasse wohl zuhause erzählt hatte? Ob er jetzt wirklich Fernseh- und

Handyverbot bekommen hatte, wie Paps behauptet hatte? Und was dachte seine Mutter wohl über die ganze Sache?

»Was ist denn mit dem Bach?«, fragte sie in ganz normalem Ton.

»Da schwimmen so Schaumflocken drin rum, und an manchen Stellen riecht es nicht gut.«

»Oh! Na dann, Danke für die Warnung.« Sie sah Ronja und Timmi entgegen, die sich anscheinend für die Kekse mehr begeistern konnten als für ihr Spiel. »Kinder, bleibt heute vom Bach weg! Spielt lieber hier auf dem Platz.«

Ich atmete erleichtert auf. Das war unkompliziert gewesen. Frau Knocke bedankte sich sogar noch bei mir für die Warnung! Ich machte, dass ich wegkam.

Meine Freunde warteten oben.

»Alles gut«, sagte ich. »Frau Knocke war dabei, aber sie weiß anscheinend nichts von dem Dreck hier. Sie hat sich sogar dafür bedankt, dass ich sie gewarnt habe.«

»Okay. Jetzt haben wir bloß ein Problem.« Maggie hatte versucht, den Korb an ihren Lenker zu hängen, aber dort wackelte er viel zu viel hin und her. »Wie kriegen wir den Korb nach Hause, ohne dass alles ausläuft?« Die Döschen waren zwar alle verschlossen, aber ob die Deckel beim Radfahren halten würden?

Ich sah mich um. Wenn man dem Waldweg ein Stück folgte, gelangte man rechts auf eine versteckte Lichtung, die wir früher schon mal entdeckt hatten. Anscheinend hatte Tom die gleiche Idee, denn er meinte: »Die Lichtung! Dort ist nie jemand. Kommt, gehen wir dahin.«

Als wir durch das Unterholz zu dem Platz gelangt waren, trampelten wir das hohe Gras nieder, bis wir eine ausreichend große Stelle hatten, auf der wir die Proben abstellen konnten. Feierlich zog Jacky ein Notizbuch aus der hinteren Tasche ihrer Bermudas, und ich reichte ihr meinen Kugelschreiber. Dann holte sie eine kleine, längliche Metalldose hervor und zog den Plastikdeckel ab. Darin steckten mehrere schmale Streifen, auf denen kleine Wattevierecke in unterschiedlichen Farben klebten.

»Damit kann man verschiedene Werte des Wassers messen.« Sie drehte das Döschen und zeigte uns eine Skala, auf der mehrere Farbschattierungen abgebildet waren. Die Streifen konnte man danebenhalten und mit den Farbstufen vergleichen. Je nachdem, welche Schattierung sich zeigte, stand »sicher«, »o.k.« oder »Wasserwechsel« dabei. Die Substanzen, die man damit messen konnte, waren am rechten Ende der Skala genannt: Nitrat und Nitrit, die Gesamtwasserhärte, die Karbonathärte und der Chlorgehalt. Und dann noch der pH-Wert.

Jacky öffnete das erste Probendöschen und hielt den Papierstreifen so hinein, dass alle beschichteten Stellen nass wurden. Sie bewegte ihn im Wasser und wartete kurz, dann zog sie den Streifen wieder heraus, schüttelte das Wasser ab und hielt den Streifen an die Skala.

»Den Chlorwert müssen wir sofort prüfen, sonst kann er verfälscht sein«, murmelte sie und schaute nach dem untersten Feld der Skala. Das hellgelbe Feld hatte seine Farbe sofort in ein dunkleres Gelb gewandelt. Jacky pfiff durch die Zähne. »Das dachte ich mir doch! Zu viel Chlor drin. Aber die Abweichung ist noch nicht soo krass.« Sie sah auf den von mir beschrifteten Aufkleber am Deckel. »Das ist auch die allererste Probe, die in der Nähe des Spielplatzes. Sehen wir mal weiter.«

Sie verglich die anderen Felder, und tatsächlich – das Feld für den pH-Wert färbte sich sehr schnell fast ganz dunkelrot. Die Nitrit- und Nitratwerte waren auch erhöht, aber nicht am Grenzwert. Maggie hatte das Notizbuch an sich genommen und notierte die Ergebnisse, die der Teststreifen anzeigte.

Genau das Gleiche machten wir mit den anderen Proben, und die Felder färbten sich jedes Mal in Rekordzeit. Offenbar war das ganze Wasser im Bach verschmutzt; die Anzeige des pH-Wertes zeigte jedes Mal die stärkste Verfärbung, die auf der Skala überhaupt abgebildet war. Zu dumm, dass die Skala nicht genauer war, denn wir hätten gern gesehen, ob der Wert sich von Probe zu Probe veränderte. Aber für Aquariumswasser reichte es wohl, wenn man erkannte, dass ein Wasserwechsel nötig war. Die genauen Werte brauchte man da nicht. Schade.

Allerdings steigerte sich beim Chlorgehalt das Ergebnis mit jeder Probe, von 0,8 auf 1,5, und schon bei der dritten Probe landeten wir bei 3,0, dem höchsten Wert.

»Das ist nicht wirklich brauchbar.« Jacky kniff die Lippen zusammen.

Tom schüttelte den Kopf. »Wieso denn nicht? Schon der erste Test zeigt, dass das Wasser nicht sauber ist. Das ist doch Beweis genug.«

Jacky rieb sich das Kinn. »Schon. Aber ich hatte gehofft, dass sich der pH-Wert deutlicher ändert, und das können wir mit diesen Teststreifen nicht ablesen.«

Maggie lachte auf, es hörte sich seltsam an, fast wie ein Quietschen. »Tja, aber das liegt doch daran, dass der Wert schon ganz unten viel zu hoch ist.« Sie sah mich fragend an. »Oder? Wenn er schon beim ersten Messen auf der Alarmstufe landet, dann heißt das doch, dass dieses Wasser auf keinen Fall gesund für die Fische sein kann.«

Ich nickte, dann holte ich die Probe aus dem Korb, die wir ganz oben beim Häuschen genommen hatten. »Kommt, lasst uns die letzte auch noch testen.«

Jacky tauchte den Streifen ein, wie die anderen Male auch, und zog ihn hervor, verglich ihn mit der Skala. Dann runzelte sie die Stirn. »Scheint nicht zu funktionieren, das ändert sich ja kaum.« Sie zog das letzte Stäbchen aus der Dose heraus und wiederholte den Test. Sie starrte den Streifen an und sah dann zu uns auf. »Es hat doch funktioniert. Dieses Wasser ist fast sauber. Seht mal, kaum Abweichungen von den Normalwerten.« Sie rieb sich das Kinn.

»Dann ist das Dreckszeug unterhalb von dieser Stelle reingekippt worden«, rief ich aus. »Der Bach fließt doch von der Hütte weg in Richtung Spielplatz! Oberhalb ist das Wasser noch sauber, und unterhalb ist der ganze Dreck drin.«

»Wenn wir noch einen Tag länger gewartet hätten, hätten wir vielleicht gar nichts mehr nachweisen können ...« Jacky rappelte sich vorsichtig hoch und kramte nach einer unvermeidlichen Erdnuss. »Stimmt tatsächlich. Es spielt keine Rolle, wie genau wir die Werte bestimmen, das Ergebnis hier reicht schon aus, um zu beweisen, dass in diesem Wasser Substanzen sind, die nicht dahin gehören!«

Tom kratzte sich am Kopf. »Dann haben wir also richtig Glück gehabt, dass wir heute sofort hergekommen sind, oder?«

Maggie sprang auf die Füße, wobei ihr das Notizbuch vom Schoß rutschte, außerdem stieß sie zwei der Wasserproben um. Sie trippelte drei Mal von einem Fuß auf den anderen. Ich konnte sehen, dass sie diese Bewegungen jetzt einfach machen musste, sie konnte nichts dafür. Dann sah sie verlegen auf die Stellen, an denen unser Beweiswasser im Gras versickert war. »Ups, das tut mir leid.«

»Macht nix«, sagte ich großzügig und griff nach dem Notizbuch. »Hier haben wir ja alles drinstehen.« Dann zeigte ich auf die kleine Fotokamera im Korb. »Und für die Entnahme gibt es Beweisfotos. Außerdem haben wir die Teststreifen noch. Die kleben wir zu Hause ins Büchlein ein.«

8 Pläne schmieden

Wir dachten darüber nach, wo wir uns versammeln sollten, und da Maggies Mom die Nachmittage meist in ihrer Kunstgalerie verbrachte, lud Maggie uns zu sich nach Hause ein. Außerdem musste sie später noch zu ihrem verhassten Bodenturnen, dann hatte sie es nicht so weit. Wir verkrümelten uns in Maggies Zimmer, während sie in der Küche nach etwas zum Naschen und einer Flasche Wasser suchte. Kurz darauf kam sie zu uns.

»Hast du Flüssigkleber da?«, fragte ich sie. »Diese Teststäbchen werden damit am besten halten.«

»Klar.«

Kurz darauf hatten wir unser Beweisbüchlein fertig. Aber was sollten wir jetzt damit machen?

»Weiß einer von euch, wie wir die Sache am besten melden können?«

Jacky knabberte ausnahmsweise auf einem Haferkeks statt auf einer Erdnuss. »Wir müssen auf jeden Fall einen Brief dazu schreiben.«

»Ja, stimmt.« Maggie kratzte sich am Kopf. »Wäre aber schon gut, wenn uns ein Erwachsener dabei helfen könnte, oder?«

»Was ist denn mit dieser Tante, von der du erzählt hast?«, wandte ich mich an Tom. »Können wir nicht einfach mit der reden?«

Tom runzelte die Stirn. »Ich weiß nicht genau. Ich mag sie zwar, aber mein Paps sieht es nicht gern, wenn ich mit ihr spreche. Sie ist die Schwester meiner Mutter …« Er verzog den Mund. »Seit Mama uns verlassen hat, will Paps nichts mehr mit ihrer Familie zu tun haben. Seitdem habe ich Tante Ludmilla nicht mehr gesehen, und ich bekäme Stress, wenn Papa herausfinden würde, dass ich sie angerufen habe. Mir wär's lieber, wir kriegen das ohne sie hin.«

»Was ist mit Onkel Tobi?«, fragte Jacky plötzlich.

»Was soll mit ihm sein?«

»Der hat uns doch überhaupt auf die Idee gebracht. Meinst du nicht, dass wir ihn anrufen und fragen können?«

»Genau!« Maggie sprang auf und hastete zu ihrem Schreibtisch. Sie war mit allem ausgestattet: Laptop, Scanner und Drucker. Wir wussten allerdings, dass sie sich nicht gern an ihren Computer setzte. Im Gegensatz zu Jacky. Maggie schaltete ihren PC ein, dann drehte sie sich zu Jacky um. »Jetzt bist du dran.«

Jacky stand sofort vom Boden auf und setzte sich auf den Stuhl. Mit leuchtenden Augen klickte sie das Symbol für den Internet-Browser an.

Maggie drehte sich zu mir um. »Wie ist die Nummer deines Onkels?«

»Äh, da muss ich leider passen. Die steht zu Hause im Telefonbüchlein meiner Eltern.« Ich zog die Schultern hoch. »Da ich kein Handy habe, kenne ich auch so gut wie keine Telefonnummern auswendig. Nur eure.«

»Siehste, das dachte ich mir.« Maggie zeigte auf den Bildschirm. »Jacky, du findest die Nummer bestimmt sofort raus, oder?« Dann lief sie nach draußen, wobei sie rief: »Ich hole nur schnell das Festnetztelefon.«

Bis Maggie zurück kam, hatte Jacky bereits die Nummer gefunden. Sie diktierte sie mir ins Gerät. Es klingelte lange. Ich wollte schon auflegen, aber da hörte ich eine abgehetzte Stimme.

»Naumann?«, keuchte Onkel Tobi ins Telefon.

»Hier ist Paul.«

»Oh, hallo. Du hast Glück, ich bin gerade zur Tür hereingekommen. Was gibt's denn, Sportsfreund?«

»Du erinnerst dich bestimmt, dass wir dir gestern von dem Bach im Wald erzählt haben, oder?«

»Mhm. Was ist damit?«

»Also, wir haben heute Wasserproben entnommen …« Ich fühlte mich groß, wie ich das so selbstverständlich erzählte.

»Aha.«

»Ja, und da haben wir herausgefunden, dass der pH-Wert des Wassers überhaupt nicht stimmt, und außerdem ist da viel zu viel Chlor drin!«

Onkel Tobi räusperte sich. Wenn Erwachsene sich räuspern, ist das meist kein gutes Zeichen. Meine Eltern und unsere Lehrer machen das immer, wenn sie uns etwas Unangenehmes sagen wollen. In mir breitete sich sofort ein schales Gefühl aus. Ich hatte es Onkel Tobi gegenüber jahrelang gespürt, seit er mir die Sache mit dem Hundenachwuchs weisgemacht hatte: Enttäuschung.

»Ey, jetzt lass uns nicht hängen, Onkel Tobi!« Meine Stimme zitterte. Dabei hatte er ja nicht mal was gesagt.

Tom und Maggie standen kerzengerade da und beobachteten mich ununterbrochen, während Jacky nach einem prüfenden Blick in mein Gesicht Wörter in den PC tippte. Sie suchte nach einem bestimmten Begriff. Aber ich wollte mich jetzt nicht ablenken lassen, also drehte ich mich ein bisschen zur Seite – auch, damit die anderen nicht die Tränen in meinen Augen sahen. Sie hätten das nicht begriffen, weil ich ihnen die Geschichte mit dem Hund nie erzählt hatte. Die war mir zu peinlich!

»Paul …« Das ist auch so eine Verzögerungstaktik der Erwachsenen. Wenn sie mit etwas nicht herausrücken wollen oder keine Antwort auf eine Frage wissen, benutzen sie zuerst mal solche Ausweichmanöver wie Räuspern oder den Namen sagen, oder Wörter wie »Also, hm, tja«. Bis Onkel Tobi weitersprach, vergingen bestimmt drei Sekunden. Aber ich ließ ihn zappeln, weil ich ahnte, dass er jetzt genauso zurückrudern würde wie meine Eltern.

»Weißt du, das ist eine heikle Sache.«

Hatte ich es nicht gesagt? »Was meinst du damit?«, fragte ich.

Er räusperte sich wieder. »Also, ehrlich gesagt, hätte ich nicht gedacht, dass ihr so schnell seid.« Kurze Pause, dann: »Alle Achtung!«

Ich fühlte, wie mir ein Stein vom Herzen fiel. »Dann findest du das also gut?«

Er lachte. »Und ob.« Dann wurde seine Stimme nachdenklich. »Ihr müsst euch aber im Klaren sein, dass es ernst wird, wenn ihr damit an offizielle Stellen geht.«

»Aber da muss man doch was machen, oder? Du weißt doch, dass der Bach am Spielplatz entlangläuft und dass Kinder gerne im Wasser spielen. Wir haben dort auch oft gespielt, als wir noch klein waren.«

Meine Worte entlockten ihm ein kurzes Lachen. »Ja, du hast recht, Paul, man kann das nicht einfach auf sich beruhen lassen. Also, was möchtet ihr als nächstes tun?«

»Was wir jetzt tun wollen?« Ich drehte mich zu den anderen um und zog die Schultern hoch. Jacky zeigte auf den Bildschirm. Sie hatte eine Seite mit der Überschrift »Gemeindeverwaltung Schellenstedt« geöffnet, und dort war auch die Ansprechpartnerin für Umweltfragen zu finden.

»Hm, also, wir dachten, dass wir uns ans … Umweltamt wenden, wie du gestern vorgeschlagen hast.«

»Gib mir mal den Hörer«, verlangte Jacky. Perplex sagte ich meinem Onkel, dass ich ihn weiterreichen werde, da nahm meine Freundin mir den Hörer schon aus der Hand.

»Herr Naumann, hier ist Jacky, eine Freundin von Paul. Wir kümmern uns selbst um die Sache, aber ich möchte Sie fragen, ob Sie vielleicht unser Schreiben Korrektur lesen würden?«

Während Onkel Tobi ihr antwortete, sahen Maggie, Tom und ich uns überrascht an. Jacky war doch die Härte. Sie überraschte uns immer wieder mit ihrem Wissen und klang gar nicht wie ein zehnjähriges Mädchen.

»Ah ja, super, das machen wir ... Nein, wir wollen das ja allein durchziehen ... Ihren Namen lassen wir da raus, klar. Wir haben das Ganze ja auch entdeckt ... Okay, dann geben Sie mir Ihre Mailadresse, damit ich Ihnen den Text schicken kann.« Jacky suchte nach einem Stift auf Maggies Schreibtisch, und da dort keiner lag, beeilte ich mich, ihr meinen Kugelschreiber zu reichen. Onkel Tobis Mailadresse notierte sie auf die Schreibtischunterlage, einen riesigen Block.

»Ja, ich geb ihm den Hörer. Tschüss.« Jacky reichte mir das Telefon.

»Ja?«, fragte ich zögerlich.

»Paul, das ist ein großes Ding, was ihr da vorhabt. Ich hoffe, ihr tretet damit niemandem auf die Füße.« Er zögerte. »Na, ganz wird sich das nicht vermeiden lassen. Aber ich finde es gut. Das ist echte Zivilcourage. Ich halte mich raus, aber wenn ihr Ärger bekommt, kannst du dich bei mir melden, okay?«

Meine Brust fühlte sich auf einmal leicht an – vor Aufregung, aber auch vor Freude, weil Onkel Tobi uns helfen wollte, wenn es Probleme gab. Andererseits: Warum erwarteten eigentlich alle Probleme? Bestimmt würden sich die Erwachsenen doch darüber freuen, dass wir diese Umweltsauerei entdeckt hatten. Schließlich betraf sie uns alle.

9 Zivilcourage? Schwieriges Wort

An das Umweltamt Schellenstedt
Frau Ludmilla Schmalz, Umweltbeauftragte

Betreff: Umweltverschmutzung in Schellenstedt

Sehr geehrte Frau Schmalz,

hiermit möchten wir eine Meldung machen. Im Schellenbach nahe dem Waldspielplatz haben wir verunreinigtes Wasser gefunden. Wir bemerkten Schaum auf dem Wasser und einen starken chemischen Geruch. Das ließ uns keine Ruhe, sodass wir das Wasser getestet haben. Dabei fanden wir heraus, dass der pH-Wert krass überschritten ist. Außerdem fanden wir im Bachlauf zwischen dem verlassenen Wochenendhäuschen im Wald und dem Naturspielplatz deutlich erhöhte Chlorwerte.

Wir führen die Testergebnisse in der beigelegten Tabelle auf. Dort sind die Fundorte genau verzeichnet. Wir besitzen auch Digitalfotos der Test-Orte, falls Sie die zum Beweis benötigen, sowie vier Wasserproben.

Wir machen uns große Sorgen, da der Schellenbach durch ein beliebtes Waldstück führt und sogar am Spielplatz vorbei verläuft. Wie wir selbst aus unserer Kinderzeit wissen, macht es wahnsinnig viel Spaß, unten beim Spielplatz den Bach zu stauen. Aber dabei könnten sich die Kinder jetzt Krankheiten einfangen! Auch für die Lebewesen und Pflanzen im Wasser und

in der Nähe des Baches könnten diese Werte gesund-
heitsschädlich sein.

An dem Tag, an dem wir die stinkenden Schaum-
flocken im Bach entdeckten, lagen um das Wochenend-
häuschen herum auch große Plastikkanister im Wald,
die aber verschwunden waren, als wir unsere Messun-
gen durchführten. Vielleicht haben die Besitzer des
Häuschens etwas mit der Sache zu tun.

Wir fänden es cool, wenn das Amt für Umwelt die-
se Angelegenheit untersuchen würde.

Mit freundlichen Grüßen
Jacky Kopper, 10
Paul Naumann, 11
Magdalena Waters, 11
Thomas M. Kruse, 12

»Denkt ihr wirklich, dass wir das so abschicken sollen?« Wir standen in einer Ecke des Pausenhofs um Jacky herum, die den Brief zu Hause ausgedruckt hatte. »Man merkt ihm doch an, dass wir ihn reihum geschrieben haben.« Sie warf Tom einen Blick zu. »Ich weiß echt nicht, ob man ›krass überschritten‹ sagen kann.«

»Ach was.« Maggie nahm ihr den Brief aus der Hand, faltete ihn wieder so wie vorher und steckte ihn zusammen mit der Tabelle in den Umschlag zurück. »Wir haben ja auch alle unseren Namen daruntergeschrieben.«

Ich nickte. »Außerdem hat Onkel Tobi mir extra nochmal gesagt, dass wir den Brief ruhig so abschicken können.«

»Gut, dann werfe ich ihn auf dem Heimweg beim Rathaus in den Briefkasten.«

Als der Brief im Kasten war, ging das große Warten los. Wir vier fuhren jeden Tag wieder zum Wald hoch. Jacky hatte längst neue Teststäbchen besorgt, und wir hielten sie direkt ins Bachwasser, immer an den Stellen, an denen wir die ersten Tests auch gemacht hatten. Das Wasser wurde jeden Tag ein bisschen klarer, und irgendwann dauerte es länger, bis die Teststreifen die Farben wechselten, aber trotzdem: Gerade der pH-Wert blieb so weit erhöht, dass er die Skala überschritt. Immer, wenn wir auf dem Spielplatz Kinder trafen, sagten wir ihnen, dass sie sich dem Bach lieber fernhalten sollten.

Ansonsten tat sich aber einfach nichts. Am Samstagnachmittag hingen wir in unserem Garten ab, Lily spielte mit ihren Barbies Star Wars nach, aber wir hatten sie glücklicherweise davon überzeugen können, dass wir für Barbies zu groß waren.

Wir lagen um den Stamm des alten Birnbaumes herum im Gras und schauten durch das Blätterdach in den Himmel.

»Heute ist schon der dritte Tag! Warum dauert das bloß so lange, was meint ihr?« Tom war von uns allen am ungeduldigsten – oder er verbarg seine Ungeduld am schlechtesten. Er hatte jeden Tag laut darüber nachgedacht, ob er seine Verwandte vom Amt auf die Sache ansprechen sollte, es dann aber doch gelassen.

»Vielleicht haben die den Brief noch gar nicht gelesen.« Maggie hob die Hand und formte ein seltsames Gebilde mit ihren Fingern, durch das sie die Wolken beobachtete. »Meine Mutter lässt ihre Post manchmal eine ganze Woche liegen und öffnet sie erst am Sonntag.« Sie zog die Hand dicht vor ihr Gesicht, bis sie mit einem Auge hindurch spähte wie durch ein Fernglas. »Erwachsene sind einfach unberechenbar.«

Jacky drehte sich in ihre Richtung und stützte sich auf dem Ellbogen ab. »Aber das Amt ist sonntags geschlossen. Und ich glaube nicht, dass die das einfach so machen können.« Sie schüttelte den Kopf. »Vielleicht nehmen sie den Brief nicht ernst, weil wir Kinder sind.«

»Wer nimmt was nicht ernst, weil ihr Kinder seid?«

Wir fuhren erschrocken hoch und sahen Mama an, die mit einem Tablett herangeschlichen war, auf dem Kekse, Apfelsaftschorle und Becher für uns standen. Mir schoss sofort die Röte ins Gesicht. Ich hatte meinen Eltern natürlich nichts von unserem Zivilcourage-Brief erzählt. Die hatten ja schon in der Angelegenheit mit Lasse so doof reagiert, da wollte ich lieber gar nicht wissen, welche Meinung sie zu unserem Brief hatten. Aber Tom war nicht auf Zack, er plapperte sofort aus, was ich lieber für mich behalten hätte.

»Na, unseren Brief ans Umweltamt. Vielleicht nehmen die den gar nicht ernst.«

Mama stellte das Tablett im Gras ab, dann zog sie eine komische Schnute. »Brief ans Umweltamt?«, fragte sie gedehnt.

Tom zog den Kopf zwischen die Schultern und warf mir einen schuldbewussten Blick zu. Sein Gesicht war mindestens so feuerrot wie meine Ohren sein mussten, so sehr brannten sie.

Mist aber auch!

Jacky stand auf und trat neben Mama, die noch immer mit einem Bein auf der Erde kniete.

»Frau Naumann, ich weiß nicht, ob Sie es mitbekommen haben, aber in all der Aufregung um Lilys Verschwinden am Montag war das alles vielleicht ein bisschen zu viel …« Guter Einstieg. Jacky war gerade dabei, mir den Hals zu retten!

Mama stand auf, stützte die Hände in die Hüften und blickte auf Jacky hinunter. »Was meinst du?«

»Wir haben am Montag, als wir Lily fanden, im Wald Müll gesehen und außerdem bemerkt, dass der Schellenbach verschmutzt war. Dort schwammen übelriechende Schauminseln herum. Wirklich, es stank grässlich nach Chemie.«

Mama runzelte die Stirn. »Ich erinnere mich dunkel. Und weiter?«

»Wir haben das Wasser getestet und herausgefunden, dass der Schellenbach verunreinigt ist.« Jacky hatte in der Zwischenzeit im Internet viele Berichte über Umweltverschmutzung gefunden, sie ausgedruckt und mit uns darüber gesprochen. All diese Wörter kamen uns inzwischen ganz selbstverständlich über die Lippen, nur Mama sah ein bisschen überrascht aus.

Sie ließ ihren Blick zwischen uns hin und her wandern. Eigentlich wirkte sie gar nicht sauer, sondern hörte gespannt zu. Tatsächlich hatte ich dieses Mal nicht das Gefühl, dass sie sich ärgerte und alles herunterspielen wollte. Vielleicht hätte ich das Thema in den letzten Tagen doch mal ansprechen können, beim Abendessen zum Beispiel.

»Das ist ja ein Ding!«, murmelte Mama.

Ermutigt führte ich Jackys Bericht zu Ende und sagte ihr, dass wir jetzt schon seit drei Tagen auf eine Reaktion warteten. Onkel Tobi erwähnte ich nicht, seine Rolle in dem Ganzen tat ja nichts zur Sache.

Als ich fertig war, nickte Mama anerkennend. »Alle Achtung«, sagte sie. Waren das nicht auch Onkel Tobis Worte gewesen? Komisch. Dass wir die Wahrheit über Lasse gesagt hatten, war nicht gut, aber die Wahrheit über den Bach zu erzählen, war in Ordnung?

Doch dann rieb Mama sich die Stirn und seufzte. Bekanntermaßen ist Seufzen bei Erwachsenen ein Warnsignal.

»Wenn das mal keinen Ärger bringt ...« Sie streckte den Rücken durch. »Trotzdem war es richtig von euch. Daumen hoch!« Damit dackelte sie wieder davon.

»Wieso Ärger?«, murmelte Maggie. »Ich verstehe das nicht. Sowas muss man doch aufdecken!«

Tja, derselben Meinung waren wir auch. Deshalb fand ich es extrem seltsam, dass einfach gar nichts passiert war, seit wir den Brief beim Amt eingeworfen hatten.

An diesem Abend klingelte das Telefon. Paps ging ran, dann rief er nach mir und reichte mir den Hörer mit den Worten: »Tom ist dran.«

»Hallo Tom, was gibt's?«

»Hi, Paul. Ich muss dir was sagen.« Seine Stimme klang ein bisschen so, als ob er eine Halsentzündung hätte. Aber am Nachmittag war er noch ganz fit gewesen.

»Schieß los!«

»Also, ich habe Stress mit Paps. Meine Tante hat sich bei ihm gemeldet.«

Bei mir klickerte es eine Weile, bis mir klar war, wen er meinte: Frau Schmalz vom Umweltamt! Sofort wummerte mein Herz los, denn Toms Stimme ließ mich nichts Gutes ahnen.

»Ey, mein Alter war richtig stinkig! Du weißt ja, dass er sowieso nicht gut auf Tante Ludmilla zu sprechen ist. Also, er ist schon allein sauer, weil ich überhaupt mit ihr zu tun hatte und sie *ihn* anschließend angerufen hat. Aber dann muss sie auch noch gemotzt haben, weil wir diesen Brief geschrieben haben ...«

Ich ächzte. Irgendwie hatte ich es ja schon geahnt, auch wenn ich es nicht wahrhaben wollte. Aber wir hatten uns offensichtlich schon wieder in die Nesseln gesetzt. Kaum zu glauben, oder? Ich zwang mich, ruhig zu bleiben, schließlich wusste ich ja noch nichts Genaues.

»Warum hat sie gemotzt?«

Tom zögerte. »Genau begriffen hab ich das auch nicht. Irgendwie meinte sie, dass wir Kinder uns raushalten sollten, und dass es ein Fehler war, ihr einen offiziellen Brief zu schreiben. Wir hätten jemanden in Verruf gebracht. Papa sagt, das heißt, schlecht über jemanden zu reden. Sie nannte es üble Nachrede. Sie hat wohl ein bisschen übertrieben. Papa meinte, meine Tante hätte sich angehört, als wäre sie unter Druck gesetzt worden.«

Wir sollten jemanden in Verruf gebracht haben? Fieberhaft dachte ich nach, aber mir fiel niemand ein, den wir in dem Brief genannt hätten. Wir hatten doch keine Ahnung, wer hinter der Umweltsünde steckte, also wie sollten wir denn da jemanden in Verruf bringen?

Ich kratzte mich am Kopf. »Hm, und jetzt?«

»Ja, keine Ahnung! Paps war ziemlich durcheinander und hat gesagt, ich soll mich aus allem heraushalten. Er meinte noch, dass unsere Idee im Ansatz schon richtig gewesen sei, aber das wär keine Kindersache, sondern eine Angelegenheit der Erwachsenen.«

»Mist«, murmelte ich. Dass Tom Ärger bekam, hatten wir natürlich nicht gewollt. Und was sollten wir jetzt machen?

»Hör mal, Tom. Wir haben den Brief jetzt abgeschickt und können ihn nicht mehr zurücknehmen. Morgen ist ja Sonntag, da arbeitet im Amt eh keiner. Wollen wir die Kapisten zur Lagebesprechung zusammenrufen?«

»Ja, lass uns das machen. Wenn deine Eltern dich morgen weglassen.«

Der Sonntag war meinen Eltern heilig, das war unser wichtigster Familientag. Aber na ja, am späten Nachmittag würden sie mich sicher noch mit meinen Freunden spielen lassen. Also schlug ich vor, dass wir uns um fünf Uhr auf dem Waldspielplatz treffen sollten. Wir vereinbarten, dass Tom Maggie Bescheid geben würde und ich Jacky.

In der Nacht schlief ich nicht besonders gut. Dass Tom Ärger bekommen hatte, ließ mir keine Ruhe.

Als wir beim Sonntagsfrühstück saßen, verkündete Paps, dass wir zur Kirche gehen wollten.

Nach der Messe wurde es unangenehm. Familie Knocke war nämlich auch da, und Lasses Vater kam schnurstracks auf uns zu, begrüßte uns knapp und zog Paps mit sich. Paps und Herr Knocke waren in der Schule gute Freunde gewesen, aber jetzt sah es eher nach Krach aus. Mit meinen Blicken suchte ich nach der restlichen Familie. Lasses Mutter, seine Schwester und er selbst standen bei einer anderen Gruppe Leute, aber Lasse grinste fies in meine Richtung. Mir wurde vom Bauch her schwummrig.

Ich sah, wie Paps und Herr Knocke die Köpfe zusammensteckten und immer mal wieder einen Blick auf mich warfen. Als Paps heftig die Stirn runzelte, ahnte ich das Schlimmste. Ich fing nur einzelne Wörter auf: »Meldung«, »Brief«, »Amt«. Der Bürgermeister wirkte ziemlich sauer, und mein Vater nickte mehrmals bestätigend. Dann wurden die beiden aber doch ein bisschen lauter, und als die Worte »was der eigene Sohn macht« fielen, da stutzte Paps, schüttelte den Kopf und sagte ärgerlich: »Das ist meine Sache.«

Der Bürgermeister legte ihm die Hand an den Oberarm und sprach auf ihn ein, diesmal wieder leiser. Ich bekam nur am Rande mit, wie meine Mutter seufzte. Sie strich nervös Lilys Haare zurück und beobachtete die beiden Männer.

Dann stapfte der Bürgermeister zu seiner Familie und Paps zu uns. Zuerst schaute er angestrengt an mir vorbei. Aber ich konnte genau sehen, wie böse er war. An seinem Hals erkannte ich eine pochende Ader. Mann, Mann, Mann, da lag Ärger in der Luft!

Erst, als wir schon ein gutes Stück weit gegangen waren, atmete er tief durch und sprach mich an. »Wie kommt ihr dazu, einen offiziellen Brief ans Amt für Umwelt zu schreiben? Und warum muss ich durch den Bürgermeister davon erfahren anstatt von meinem eigenen Sohn?«

Mama stöhnte, er drehte sich ihr zu. »Hast du davon gewusst?«

»Erst hinterher. Sie haben es mir gestern erzählt, und ich wollte mit dir noch darüber sprechen, aber dann kam ich nicht mehr dazu.«

In mir wuchs der Trotz. Die beiden taten wieder so, als wäre ich Luft und hätte keinen eigenen Kopf mit Gehirn auf meinen Schultern sitzen. Ich verschränkte die Arme vor der Brust und baute mich vor Paps auf.

»Wir haben eindeutige Beweise für eine Umweltverschmutzung im Schellenbach gefunden, Paps. Und das haben wir dem Amt für Umwelt gemeldet. Das ist doch keine Dummheit!«

Er blieb stehen. Auf seinem Gesicht sah ich einen Film ablaufen. Zuerst färbte sich sein roter Hals wieder normal, und die Ader schwoll ab. Dann runzelte er die Stirn, aber es wirkte nicht ärgerlich, sondern nachdenklich. Dabei bewegte er die Lippen, als wolle er Gymnastik damit machen. Und am Ende schaute er mich ganz offen an.

Mein Paps.

»Im Grunde hast du recht, Paul, und ich finde das gut.«

Na bitte!

»Aber …« Typisch. Kein Lob ohne Aber!

»Hättest du bloß vorher was gesagt, Junge! Wir hätten doch gemeinsam darüber nachdenken können, wie wir mit der Sache umgehen. Ihr habt öffentliche Hebel in Gang gesetzt.«

Na und? Dann hatten wir eben *öffentliche Hebel in Gang gesetzt.* Hauptsache, es passierte was!

Paps wandte sich wieder Mama zu. »Lars ist ganz schön sauer. Er fragte mich, warum wir nicht zuerst mal privat mit Frau Schmalz gesprochen hätten. Na, und dann fragte er mich, ob ich nicht wisse, was in meinem eigenen Hause vor sich geht.« Bei diesen Worten zog er die Brauen wieder tief nach unten. Mist! Er sah mich an.

»Und das, junger Mann, ist eine Tatsache. Du kannst doch nicht einen Brief ans Amt schreiben, ohne mir davon zu erzählen! Dass mir so etwas nicht nochmal passiert, verstanden?«

»Ich finde das voll mutig von Paul«, mischte sich meine kleine Schwester ein. Ich hätte gar nicht gedacht, dass sie begriffen hatte, worum es ging.

Inzwischen waren wir zu Hause angekommen, Mama hatte die Tür aufgeschlossen. Wir gingen in die Küche und setzten uns, als hätten wir es abgesprochen, um den Tisch herum.

»Tja«, begann Mama und legte eine Hand auf Lilys Arm. »Das war tatsächlich mutig von den Kapisten. Aber es war falsch, vorher mit keinem Erwachsenen darüber zu reden.«

Jetzt hätte ich ja damit rausrücken können, dass Onkel Tobi in die Sache eingeweiht war, aber eine innere Stimme sagte mir, dass ich meinem Onkel damit keinen Gefallen tun würde, also ließ ich es. Stattdessen erinnerte ich mich an alles, worüber wir mit Jacky zum Thema Umweltverschmutzung diskutiert hatten, außerdem an *Fridays for Future,* und begann eine flammende Rede.

»Wenn ein Bürger eine Verschmutzung der Umwelt entdeckt, ist es seine Pflicht, darüber zu berichten. Schließlich gefährdet der Schmutz nicht nur die Flora und Fauna, sondern auch uns Menschen.« Ich war ein bisschen stolz darauf, wie selbstverständlich ich die Begriffe verwendete. Da musste ich doch gleich noch eins draufsetzen. »Außerdem ist das Zivilcourage! Wie von den Kindern, die für die Umwelt auf die Straße gehen.«

Papa lachte auf, aber es klang nicht fröhlich. »Du hast recht, Paul, da habt ihr Zivilcourage bewiesen, und im Grunde finde ich das beachtlich.« Er wandte sich Mama zu. »Der Bürgermeister ist trotzdem stinkig. Die müssen der Sache jetzt offiziell nachgehen. Er meinte, er hätte das lieber auf dem kleinen Dienstweg erledigt. Warum so viel Staub aufwirbeln? Wir haben da in ein Wespennest gestochen, fürchte ich. Anscheinend gibt es da Verbindungen …« Er unterbrach sich und kniff die Lippen zusammen. Eindeutig: Er wollte nichts verraten, was uns seiner Meinung nach nichts anging.

»Paps, jetzt erklär mir mal eines: Wenn jemand wirklich Gift oder sowas in den Bach geleitet hat, dann ist es doch lebenswichtig, dass es sofort beendet wird. Oder nicht?«

Er nickte müde.

»Aber dann haben wir das Richtige getan!«

»Ja, habt ihr schon. Bloß die Art und Weise war nicht gut gewählt.« Er seufzte. »Ihr hättet wirklich mit uns darüber reden müssen.«

»Das haben wir ja versucht, aber du hast nicht zugehört.«

»Wirklich?« Er fuhr sich mit der Hand über die Stirn. »Ach ja, an dem Tag, als Lily verschwunden war, ich erinnere mich.«

»Jetzt ist es passiert, und nun halten wir die Folgen auch aus«, sagte Mama.

Paps nickte. »Ja, natürlich halten wir die Folgen aus. Diese Umweltsauerei muss ja auch beendet werden. Wer wohl dahinter steckt? Ich weiß nicht genau …« Sein Blick wanderte in die Ferne, dann stand er auf und ging hinaus. Mir kam der Gedanke, dass mein Paps eine Vermutung hatte, wer dahintersteckte. Vielleicht sogar einen ziemlich klaren Verdacht. Bloß wollte er vor uns nicht damit herausrücken. Den Rest des Tages schlich ich nur noch durch das Haus und den Garten, um nicht aufzufallen. Ich wusste nicht, wie ich mich fühlen sollte – als Held der Umwelt oder einfach als dummes Kind, das nicht wusste, was es tat? Zum Glück war es irgendwann fünf Uhr, und meine Eltern hatten nichts dagegen, dass ich mich mit den Kapisten traf.

Alle drei wirkten wie gespült und ausgewrungen, als wir uns auf dem Spielplatz auf die Bank setzten. Anscheinend hatten sie auch eine Standpauke bekommen.

»Meine Eltern waren sauer«, begann Jacky, »die hätten mir am liebsten den PC weggenommen! Sie sagten, dass ich mich nicht dauernd in Dinge einmischen sollte, für die ich noch zu klein wäre.« Sie verdrehte die Augen.

Ich berichtete, wie es bei uns zugegangen war, und dann erzählte Maggie, was ihre Mutter dazu gesagt hatte.

»Also, Mom hat wohl in der Galerie ein Gespräch mitgekriegt, bei dem sich zwei Omas über uns unterhalten haben. Die Tochter der einen ist Sekretärin im Rathaus, und die muss unseren Brief geöffnet haben. Die beiden Alten haben so komisch zu Mama geschaut, bis sie auf sie zu gegangen ist und gefragt hat, ob es ein Problem gibt.« Maggie kicherte kurz, doch dann wurde sie wieder ernst. »Also, diese alte Frau wusste, dass ich in die Sache mit dem Brief verwickelt bin!

Meine Mutter hat sich ganz schön aufgeregt, als ich ihr erklärt habe, worum es da geht. Sie sagte, wir hätten das Richtige gemacht, war aber enttäuscht, weil ich ihr nichts davon erzählt hatte.« Maggie verzog den Mund, und es sah so aus, als ob sie ihrer Mutter damit rechtgeben wollte. Hatte sie ja auch. Wir hätten mit unseren Eltern drüber reden müssen. Aber trotzdem! Schließlich waren sie es ja, die uns gar nicht erst zugehört hatten. Und ganz ehrlich, nach der Sache mit Umit und Lasse hatten wir einfach nicht mehr das Gefühl gehabt, dass wir uns unseren Eltern anvertrauen konnten. Maggie zog tief die Luft ein und sprach weiter: »Sie sagte, manchmal muss man strategisch vorgehen. Kompromisse eingehen und sowas. Und dann sagte sie, es sei ihr sogar peinlich, dass sie mich da bremsen müsse.«

Peinlich! Ich dachte daran, wie betreten meine Eltern sich nach dem Gespräch mit dem Bürgermeister angeschaut hatten. Das hatte auch so gewirkt, als wären sie peinlich berührt.

»Aber am meisten hat sie sich darüber geärgert, dass die unsere Namen einfach so weitererzählt haben«, sagte Maggie. »Das dürfen die nämlich gar nicht!«

Wir schwiegen verbissen.

Welche Folgen hatten wir zu erwarten?

10 Pass auf, was du tust!

Tja, am nächsten Morgen in der Schule bemerkte ich sofort, dass über uns Kapisten geredet wurde. Das war ein eigenartiges Gefühl. Auf dem Pausenhof sahen mich die anderen Kinder aus unserem Jahrgang komisch an, außerdem hörte ich sie tuscheln. Im Klassenraum erzählten meine Freunde mir, dass es ihnen genauso ergangen war. Während des Unterrichts beobachteten unsere Klassenkameraden uns dauernd, aber wenn einer von uns zurückschaute, taten sie so, als wäre alles ganz normal.

Schließlich wurde es mir zu bunt, und nach der großen Pause stellte ich mich unserer Klassensprecherin Emmi in den Weg.

»Sag mal, was ist hier eigentlich los?«, fragte ich und bemerkte, wie um uns herum plötzlich alle verstummten. Die Aufmerksamkeit der ganzen Klasse richtete sich auf uns. Maggie, Tom und Jacky gruppierten sich um mich. Das gab mir ein Gefühl von Sicherheit. Emmi warf ihren Pferdeschwanz in den Nacken.

»Wieso?« Ihre Stimme kiekste irgendwie.

»Na, keiner spricht mit uns, alle starren uns an. Ist etwas passiert, wovon wir nichts wissen?«

Emmi sah die anderen Schüler an, aber außer ihrer Freundin Kira blickten alle zu Boden. Ich mochte Kira, sie spielte in den Pausen oft mit uns. Jetzt trat sie neben Emmi und runzelte die Stirn.

»Also, ehrlich gesagt habe ich das auch bemerkt, und ich verstehe nicht, was das soll.« Sie ließ ihren Blick durch die Klasse wandern, aber nur wenige erwiderten ihn. »Lasse hat in unserer Stufe erzählt, dass ihr etwas Dummes gemacht und deshalb Stress mit euren Eltern bekommen habt. Allerdings kapiere ich nicht, was daran so dumm sein soll. Sie sagen, ihr habt jemanden angezeigt. Stimmt das?«

Ich schnappte nach Luft. »Nein! Wir haben bloß offiziell gemeldet, dass der Schellenbach verseucht ist.«

Sofort fingen alle an zu murmeln. Ich hörte Wörter wie »Spielplatz«, »Umweltverschmutzung«, »Krankheiten«. Verstört sah ich Jacky an. Ich verstand nicht, was hier heute passierte. Hatten die Kinder aus unserer Schule sich gegen uns verschworen, ohne dass überhaupt bekannt war, was wir angeblich so Schlimmes getan hatten?

Emmi kratzte sich am Kopf. »Also, ich weiß echt nicht. Anscheinend habt ihr dabei was falsch gemacht ...«

In dem Moment betrat Herr Kugelschrieb den Saal. Ausgerechnet bei ihm hatten wir Vertretung, weil unsere Klassenlehrerin krank war. Und das hieß leider auch, dass unser Montagskreis an diesem Tag ausfallen würde.

»Was ist denn hier los? Hopp, hopp, alle auf eure Plätze.« Er klatschte in die Hände.

Nachdem wir saßen, holte er das Mathebuch hervor und wollte sofort etwas an die Tafel schreiben, doch da meldete sich Maggie. Er runzelte die Stirn.

»Ja, was ist denn, Maggie?«

»Ich möchte Sie etwas fragen. Was haben wir Kapisten eigentlich falsch gemacht?« Ich war sprachlos vor Bewunderung.

Herr Kugelschrieb legte umständlich das Buch auf das Pult, setzte sich auf die Kante und räusperte sich. »Nun ja.« Auch er beherrschte die Verzögerungstaktiken der Erwachsenen.

»Das ist eine heikle Frage, Maggie.« Toll, eine *heikle Frage!*

»Warum?«, wollte sie wissen.

Er seufzte. »Seht ihr, ihr habt wohl einen offiziellen Brief an eine Behörde geschrieben. Das hättet ihr nicht tun sollen …« Er rieb sich den Oberschenkel. Es wirkte, als fühle er sich nicht wohl in seiner Haut. »Ich will nicht sagen, dass ihr einen Fehler gemacht habt. Aber manchmal tut man das Richtige, und es kommt doch etwas Falsches dabei heraus. Warum habt ihr das nicht den Erwachsenen überlassen? Die hätten dann schon gewusst, was zu tun ist.«

»Aber das ist doch kein Grund, uns wie Verbrecher zu behandeln, ohne erst mal mit uns selbst zu sprechen und zu fragen, warum wir das gemacht haben«, mischte Jacky sich ein. Herr Kugelschriebs Augenlid zuckte.

»Nein«, murmelte er, »das ist wahr.« Er schnalzte mit der Zunge. »Wie auch immer, die Dinge gehen jetzt ihren Weg. Um die Angelegenheit wird sich gekümmert. Ihr habt mit eurer Meldung also etwas erreicht, und alles ist gut.« Dann wechselte sein Gesichtsausdruck, und er sah fast so aus wie Paps gestern. Als ob er beschlossen hätte, nichts mehr zu sagen, obwohl er noch etwas wusste oder zumindest ahnte. Er straffte die Schultern. »Können wir jetzt zum Thema zurück? Wir müssen diese Textaufgaben üben, ihr schreibt am Donnerstag eine Klassenarbeit.«

Damit war die Angelegenheit erledigt?

Wenigstens benahmen sich unsere Klassenkameraden danach wieder normal. Bloß die Kinder aus Lasses und Umits Klasse waren immer noch komisch drauf. Aber keiner von ihnen wollte sich auf ein Gespräch mit uns einlassen. Das war total ungerecht.

11 Nichtstun nervt!

Die Tage vergingen, alle benahmen sich wieder normal, aber es passierte nichts.

Absolut nichts!

Niemand vom Amt meldete sich, keiner kam vorbei, und wir hörten auch keine Gerüchte darüber, dass irgendetwas unternommen worden wäre, um den Bach zu reinigen. Allerdings blieben auch die Plastikkübel verschwunden, an das Wochenendhäuschen kam außer uns Vieren anscheinend auch keiner mehr. Und der Bach …? Tja, die Wasserqualität normalisierte sich langsam wieder.

Weil wir es nicht aushielten, nur abzuwarten und nichts zu tun, versuchten wir also, im Internet Antworten zu finden. Am Dienstag und Mittwoch trafen wir uns nach der Schule bei Maggie. Dort versammelten wir uns um ihren PC, während Jacky auf den Seiten surfte, auf denen man alle möglichen Informationen zu Umweltverschmutzungen finden konnte.

Wir informierten uns darüber, wie man Gewässer schützen und sauber halten kann. Außerdem fanden wir haufenweise Zeitungsartikel, in denen stand, dass die großen Flüsse in Deutschland früher durch Abwässer von Firmen verschmutzt waren und dass das alles jetzt viel besser wäre.

Wir lasen, dass es in den Meeren eine große Belastung mit Plastikmüll gab, dass in anderen, ärmeren Ländern, immer noch chemische Fabriken Abwässer in Flüsse oder Seen – oder eben das Meer – leiteten. Wir fanden also sehr viele Dinge heraus, die uns gar nicht gefielen, und am zweiten Tag beschlossen wir, dass die Kapisten in Zukunft immer ganz genau auf Umweltschutz achten wollten.

Bloß einer Sache kamen wir keinen Schritt näher, nämlich der Frage, wer und was in unserem Schellenbach solchen Dreck verursacht hatte.

Wir hatten zwar auch Texte über ein paar Firmen in unserer Region gefunden, die schlechte Dinge getan hatten, aber da ging es eher um Geldangelegenheiten, die Behandlung der Arbeiter, Sauberkeit im Betrieb oder um Tierschutz.

Wir fanden keinen Hinweis auf das, was wir im Schellenbach beobachtet hatten. Uns war nur klar, dass Chemie im Bach gewesen war. Aber wer daran schuld war, konnten wir nicht ermitteln.

Natürlich hatten wir auch versucht, herauszufinden, wem die Hütte im Wald überhaupt gehörte, aber das schien keiner zu wissen. Blöd! Wir hatten alle vier das Gefühl, dass die Erwachsenen in unserem Ort uns die Wahrheit verschweigen wollten, und dass wir mit unseren Nachforschungen gegen die Wand liefen.

An diesem Donnerstag lagen wir wieder unter unserem Birnbaum und knackten Erdnüsse.

»Meint ihr, dass der Schuldige gefunden wurde?« Die Frage hatte Tom gestellt. Damit waren wir, wie immer in den letzten Tagen, nach einem kurzen Umweg über Schule und Mathearbeit wieder bei unserem Lieblingsthema gelandet.

Wir wussten ja nichts. Wenn wir das Thema Schellenbach auch nur antippten, etwa im Naturkundeunterricht, runzelten die Lehrer kurz die Stirn und lenkten von unseren Fragen wieder ab. Das Thema sei komplex, und so kurz vor den Sommerferien müssten wir jetzt noch den Lehrplan durchbekommen. Aber nächstes Schuljahr würden wir das in NW behandeln ... Also, Wasserverschmutzung allgemein, nicht konkret auf den Schellenbach bezogen.

Jacky setzte gerade zu einer Antwort auf Toms Frage an, als Maggie sie mit einem Rempler darauf aufmerksam machte, dass meine Mutter im Anmarsch war, um uns mit Apfelschorle zu versorgen. »Frag doch mal nach«, zischelte sie in meine Richtung.

Ich glaubte zwar nicht daran, dass ich von Mama Auskunft bekommen würde, aber warum nicht? Wenn meine Freunde dabei waren, reagierte sie meistens wohlwollender. Als sie die Flasche auf die Erde stellte, fragte ich also: »Mama, weißt du, ob der Schuldige gefunden wurde?«

Sie zuckte fast unmerklich zusammen und richtete sich wieder auf. »Der Schuldige?« Eine solche Nachfrage gehört übrigens auch zu den Verzögerungstaktiken, wenn Erwachsene sich eine Antwort gut überlegen müssen.

»Derjenige, der den Schellenbach verseucht hat.« Jacky lächelte zuckersüß.

Mama zog die Schultern hoch. »Tja.« Dann ließ sie sich umständlich im Schneidersitz nieder. »Wisst ihr, die ganze Angelegenheit ist wohl an der richtigen Stelle erledigt worden. Es werden keine Namen genannt, aber da muss ein Bauunternehmer mit einer Geldstrafe belegt worden sein. Oder er ist zumindest abgemahnt worden.«

»Ein Bauunternehmer?« Endlich mal ein Körnchen Information! Komisch, dass meine Eltern mir kein Sterbenswörtchen davon gesagt hatten.

Mama seufzte. »Wie erkläre ich das am besten?«, murmelte sie.

»Wer ist es denn?«, fragte Maggie nach.

»Namen werden nicht nach außen getragen. Eure übrigens auch nicht.«

Jacky keuchte. »Noch nie so gelacht! Die ganze Schule hat doch schon gewusst, dass wir die Umweltverschmutzung gemeldet haben.«

Mama nickte. »Leider hast du recht, und das war nicht richtig. Eure Namen hätte niemand verraten dürfen.« Sie seufzte wieder. Diesmal hörte es sich aber nicht nach einer Verzögerungstaktik an, sondern eher so, als sei sie sauer über das, was da gelaufen war. »Jedenfalls bleibt der Name des Unternehmers geheim, der schuld an der Verschmutzung war.« Sie runzelte die Stirn. »Eigentlich ungerecht. Aber so läuft das halt, und wir müssen es akzeptieren. Ihr seid nochmal mit einem blauen Auge davongekommen.«

»*Wir* sind mit einem blauen Auge davongekommen?« Maggie sprang auf und ballte die Hände zu Fäusten.

Ich stöhnte. Diese ganze Sache war unglaublich. Mama nickte Maggie zu. »Liebes, das Ganze hätte noch mehr Ärger für uns alle bringen können …«

»Ich kapiere gar nichts mehr!« Tom kratzte sich am Kopf. Ehrlich gesagt ging es mir genauso.

Mama stand auf. »Kinder, ich verstehe euren Ärger, aber ich bitte euch wirklich, lasst diese Geschichte jetzt auf sich beruhen. Der Schuldige wurde zur Rechenschaft gezogen, der Bach wird nicht mehr weiter verschmutzt, und jetzt wollen wir Gras über alles wachsen lassen. Okay?« Ihre Stimme klang beinahe bittend.

Jacky bekam einen ganz bestimmten Blick, an dem ich erkannte, dass sie bereits Pläne schmiedete. »Okay, Frau Naumann, wir halten uns zurück.«

Mama lächelte uns so zu, wie sie es immer tat, wenn sie Lily und mich getadelt hatte und wir reumütig versprachen, etwas nie wieder zu tun. Irgendwie geschäftsmäßig. So, als sei sie in Gedanken schon wieder ganz woanders. Dann ging sie zurück zum Haus.

Jacky rieb sich die Hände. »Tja, Freunde. Wir brauchen ja nichts mehr zu unternehmen, wenn die Umweltsauerei gestoppt wurde. Aber ich für meinen Teil will wissen, wer das war. Und ihr?« Auffordernd sah sie von einem zum anderen.

Wir natürlich auch! Gut, wir wussten ja jetzt, dass wir mit unseren Entdeckungen in Zukunft viel vorsichtiger sein mussten. Aber eins war klar: Bei unseren *heiklen* Nachforschungen würden wir uns von den Erwachsenen nicht ausbremsen lassen!

Während wir durch die Garage vors Haus gingen, um unsere Räder zu holen, sprachen wir darüber, wo und wie wir anfangen wollten.

»Kennt ihr Bauunternehmer aus Schellenstedt?«, fragte Tom.

»Ja, klar, und du mit Sicherheit auch. Immer, wenn irgendwo neu gebaut wird, siehst du doch die LKW dastehen.«

Tom rieb sich die Nase. »Stimmt, jetzt, wo du es sagst … An der Umgehungsstraße werden doch gerade so viele neue Häuser gebaut. Sollen wir dort anfangen?«

»Gute Idee.« Ich schwang mich bereits auf mein Rad und fuhr voraus, die anderen folgten mir sofort. Die Umgehungsstraße lag am Rand von Schellenstedt, über sie gelangte man ohne Umwege zum Stadtkern und zum neuen Gewerbepark. Wenn man unten im Kreisel rechts abbog, erreichte man den Supermarkt und den Stadtpark.

Schon von Weitem konnten wir die Bauzäune erkennen und sahen mehrere LKW, die vor vier Häusern standen. Eines der Häuser war schon fertig, die Front wurde gerade verputzt. Hinter den Fenstern hingen Vorhänge. Auch am nächsten Haus sahen wir schon Vorhänge, außerdem lag ein Kinderroller davor. Das war also auch schon bewohnt. Die anderen beiden Häuser standen aber noch im Rohbau, sie hatten auch noch keine Fenster. Am ersten Haus waren Arbeiter dabei, die Mauern hochzuziehen, beim zweiten bauten sie das Dachgebälk auf.

Wir hielten auf der gegenüberliegenden Seite an. Hier grenzten nur Wiesen an den Bürgersteig, aber man konnte abgezäunte Grundstücke sehen. Ein Teil davon war wohl schon verkauft. Dort waren Plakatwände aufgestellt, auf denen man Fotos von Baufirmen und zum Teil auch die geplanten Projekte bewundern konnte. Auf den restlichen Grundstücken standen »Zu verkaufen«-Schilder mit Telefonnummern. Wir drehten uns zu den Neubauten um und betrachteten das Ganze.

Es sah so friedlich aus. Ob diese Männer von der Sache mit dem Schellenbach etwas wussten?

»Meint ihr, der Umweltverschmutzer ist hier mit dabei?« Maggie kaute auf dem Nagel ihres kleinen Fingers herum.

»Kann schon sein. Wollen wir mal rübergehen?«

Ich hatte mein Fahrrad in die Wiese fallen lassen und schaute die Straße entlang, um sie zu überqueren. Ich wollte das Ganze unbedingt aus der Nähe betrachten. Schon zückte ich unser Notizbüchlein aus der hinteren Hosentasche. Die Namen der Baufirmen wollte ich mir nämlich notieren. Meine Freunde legten ihre Räder ebenfalls ab und folgten mir.

Vor dem fast fertigen Haus stand ein weißer Transporter mit dem Schriftzug »Kelle raus für ein schönes Haus« und darunter »Kalkfuß: Ihr Maler- und Stukkateurbetrieb«. Ich notierte mir den Namen und die Telefonnummer des Handwerksbetriebs, dann gingen wir weiter zu dem Haus, vor dem der Roller lag.

An dem Transporter davor stand der Name »Grumpitsch – Fliesen, Heizung, Sanitär«, den ich natürlich auch sofort notierte. Soeben kam ein Mann in einer hellen Arbeitshose aus dem Haus zum Transporter, dessen Heckklappe offenstand. Er hielt inne und warf uns einen forschenden Blick zu.

»Hey, Jungs, was treibt ihr euch hier herum?«

Maggie schnaubte empört, aber es war ja nicht das erste Mal, dass sie und Jacky für Jungen gehalten wurden. Der Tonfall des Mannes war nicht unfreundlich, also grinste ich vorsichtig.

»Wir schauen uns nur die neuen Häuser an«,

erklärte ich. Der Mann kam näher. Ich sah hellblaue Augen in einem Gesicht, das mit einer weißen Schicht überpudert war. Er pustete sich gegen die Nase, und feiner Staub stieg auf, dann grinste er.

»Ach, ihr zwei seid ja gar keine Jungs«, stellte er in Maggies und Jackys Richtung fest. Um seine Augen herum bildeten sich feine Risse in der weißen Schicht.

»Richtig erkannt«, bemerkte Maggie spitz, worauf der Mann noch mehr lächelte.

»He, Grumpitsch, wenn du so weiterarbeitest, wirst du nie fertig«, erklang eine Stimme vom Nachbargrundstück. Wir drehten uns um und sahen einen Arbeiter im Blaumann aus einem winzigen Toilettenhäuschen herauskommen, das dort stand. Er nestelte am Hosenträger herum. Grumpitsch winkte ab und stieß ein keckerndes Lachen aus.

»Der Hubbel«, sagte er mit Verschwörermiene zu uns. »Der wär froh, wenn er schon so weit wäre. Da wartet noch ein ganzer Haufen andere Baustellen auf ihn.«

Der andere kam drei Schritte auf uns zu. »Lässt der Grumpitsch sich wieder von ein paar Rotznasen aufhalten?«, brummelte er. »Seit du Opa geworden bist, arbeitest du noch langsamer als früher«, rief er dem Genannten zu. Hinter ihm ließ ein Windstoß die Tür des Plastikhäuschens schlagen.

Und in diesem Moment rochen wir es! Sofort gingen alle Alarmsirenen in meinem Kopf los. Der Geruch, der aus der Toilette herauskam, war nämlich nicht einfach der Geruch nach Pipi und Kacke, sondern da waberte noch etwas anderes mit. Etwas Chemisches, das wir Kapisten vor Kurzem erst gerochen hatten, und wovon ich gedacht hatte, ich bekäme es nie wieder aus der Nase. Das war der Geruch, der im Wald am Schellenbach alles überdeckt hatte. Überhaupt erinnerte die blaue Plastiktoilette mich an die Kübel, die dort beim Waldhäuschen herumgelegen hatten! Jacky zischte warnend. Offensichtlich hatte sie es auch erkannt. Tom kratzte sich an der Nase und betrachtete das Toilettenhäuschen, dann drehte er sich zu uns um. In dem Blick, den er mir zuwarf, erkannte ich, dass er es auch bemerkt hatte. Und Maggie sowieso, die hatte sich nämlich mit einem leisen Würgegeräusch abgewandt. Grumpitsch hatte zuerst Hubbel angestarrt, dann einen Seitenblick auf Maggie geworfen. Jetzt hielt er sich betont die Nase zu.

»Puh, Hubbel, hier stinkt's! Mach endlich die Tür von deinem Scheißhaus zu!« Er stieß wieder sein keckerndes Lachen aus. »Vielleicht nützt's ja was.«

Hubbel knurrte, stapfte aber zurück und schloss die Tür mit einem festen Schlag. Dann kam er wieder rüber zum Bauzaun und sah uns der Reihe nach an. »Schaut euch von dem da bloß nicht das Benehmen ab. Der hat keine Kinderstube.«

Schon wieder stieß der Fliesenleger dieses Lachen aus, bei dem man fast zwangsläufig mitlachen musste. Komischerweise stimmte der knurrige Hubbel in sein Lachen ein, und die beiden klatschten einander ab.

Grumpitsch zwinkerte uns zu. »Der Kleine hier«, er deutete auf Hubbel, der nicht nur jünger, sondern auch viel größer war als er selbst, »weiß es nicht besser. Hat mit meinem Jungen zusammen sein Handwerk gelernt. Und jetzt denkt er, er ist der größte Bauunternehmer von ganz Schellenstedt.«

Hubbel winkte ab und drehte sich um. »Ich geh mal an meine Mauer zurück. Es gibt schließlich auch noch sowas wie eine arbeitende Bevölkerung.«

Grumpitsch hob die Hand zu seiner Mütze. »Wo er recht hat, hat er recht. Ich muss dann auch mal wieder an die Arbeit, Kinder.«

Er hob einen Sack aus dem Kofferraum seines Transporters und schleppte ihn zum Haus. Damit waren wir wohl verabschiedet. Langsam gingen wir weiter zum letzten Bau in der Reihe, vor dem wir auch so eine Chemietoilette sahen.

»Radelfänger« hieß der Bauunternehmer, dessen LKW davorstand. Soeben stieg ein Mann in schwarzer Arbeitskleidung in den LKW ein. Anscheinend hatte er gerade Feierabend. Auf der

Beifahrerseite stieg sein Kollege ein. Beide warfen uns unfreundliche Blicke zu, bevor sie losfuhren.

Von der gegenüberliegenden Straßenseite erscholl plötzlich ein Ruf. »Ey, hier liegen kostenlose Räder im Gras!«

Wir wirbelten herum. Lasse und Umit standen dort, ihre eigenen Räder zwischen den Beinen, und feixten zu uns herüber.

»Ach nee, ich habe mich getäuscht, das ist nur Sperrmüll«, rief Lasse dann. Wir mussten drei Autos vorbeifahren lassen, bevor wir die Seite wechseln konnten. Als wir drüben ankamen, hatten sie sich natürlich längst aus dem Staub gemacht. Sie traten in die Pedale, was das Zeug hielt.

»Los, hinterher«, rief Tom, und das ließen wir uns nicht zwei Mal sagen. Wir folgten den beiden in das Wohnviertel, in dem Familie Knocke in einem schicken Haus wohnte. Wir sahen, wie sie abstiegen und dann im Haus verschwanden. Diese Feiglinge!

»Sollen wir klingeln?« Tom schien richtig sauer zu sein.

»Ach, lass. Die sind doch einfach nur hohl«, sagte Maggie.

»Hast recht, verschwinden wir.« Jacky setzte sich als Erste wieder auf ihr Rad. Gemächlich fuhren wir aus der Wohnsiedlung hinaus Richtung Umgehungsstraße. Bevor wir Lasses Straße verließen, sahen wir vor einem großen Haus einen der LKW, die wir vorhin erst beobachtet hatten. Der Name Radelfänger stand in riesigen Buchstaben quer über die Seite geschrieben. An dem Haus wurde aber offensichtlich nicht gebaut. Vielleicht wohnte die Familie Radelfänger hier?

Wir machten noch einmal Zwischenstopp bei Maggie und beratschlagten, was wir als nächstes tun wollten.

»Heute Abend recherchiere ich mal Chemietoiletten. Die stinken ja zum Himmel. Und morgen spähen wir noch ein paar Baustellen aus, okay?«

»Ja, so machen wir es!«

12 Schlimmer als gedacht

Als Jacky am Freitagmorgen in der Schule auf-
kreuzte, versammelte sie die Kapisten noch vor
der ersten Stunde um sich.

»Hast du etwas herausgefunden?«, fragte Tom
verschwörerisch.

»Nein!« Jacky verschränkte die Arme vor der
Brust. »Meine Mutter muss richtig eingeschüch-
tert sein. Sie hat mir nicht erlaubt, abends noch
online zu gehen.« Sie wandte sich an Maggie.
»Hast du an deinem PC erforscht, was es mit den
Chemietoiletten auf sich hat?«

Sie zog die Brauen tief über die Augen, als
Maggie heftig den Kopf schüttelte. Tom legte den
Arm um Maggies Schultern, und sie setzte eine
entschuldigende Miene auf.

»Ich habe mich darauf verlassen, dass *du* das
machst. Außerdem weißt du doch, dass ich nicht
so gerne am PC sitze.«

»Schon gut«, Jacky winkte ab. »Können wir
heute Nachmittag wieder zu dir gehen, damit ich
deinen Computer benutzen kann? Meine Eltern
brauchen davon nichts mitzubekommen.«

Maggie nickte erleichtert. »Allerdings haben
wir nur bis Viertel vor vier Zeit. Dann muss ich
nämlich in den Turnverein.« Sie zog eine Grimasse.

»Kannst du nicht einfach blaumachen?« Tom hatte den Arm von ihren Schultern wieder heruntergenommen.

»Nein, Mom kennt die Turnlehrerin. Die kriegt das sofort mit.«

So mussten wir uns heute mit den Hausaufgaben beeilen, damit wir noch vor drei Uhr bei Maggie aufkreuzen konnten. Sie hatte den PC schon eingeschaltet, und innerhalb von Sekunden hatte Jacky sich eingewählt und das Wort »Chemietoilette« in die Suchmaske eingetragen. Sofort spuckte der PC Hunderte von Ergebnissen aus. Jacky wählte ein paar der Seiten an, die sie für sinnvoll hielt. Nach einigem Lesen landete sie schließlich auf einer Seite eines Naturschutzverbandes und stieß auf einen Flyer mit dem Titel »Chemietoiletten, ein Risikofaktor«.

»Bingo!« Jacky lehnte sich zurück und zeigte zufrieden auf den Bildschirm, auf dem die Vorderseite des Flyers prangte. »Können wir das ausdrucken?«, fragte sie Maggie.

Kurz darauf hatten wir die gesamte Information gelesen. Auf der letzten Seite konnte man eine Beitrittserklärung ausschneiden.

»Ich frage Mom, ob wir das machen«, erklärte Maggie.

»Gute Idee«, ich nickte. »Wir sind schon Mitglied.«

»Was da drinsteht, ist doch der Hammer! Man kann also den Inhalt von Chemietoiletten nicht mal in eine normale Kläranlage kippen!« Tom hatte das ganz schön schnell begriffen. Er rieb mit beiden Händen über seine Oberschenkel. »Das ist echt schlimm, wisst ihr das? Ich verstehe nicht, warum sowas überhaupt erlaubt ist.«

Jacky nickte und klickte eine der Seiten an, die wir zuvor schon angeschaut hatten. »Seht euch mal dieses Forum für Camper an und die Diskussion, die hier geführt wird. Es gibt andere Möglichkeiten ohne viel Chemie, um die Fäkalien zu entsorgen. Ihr wisst schon, Pipi und Kacka.« Ich nickte zu ihrer Erklärung.

Maggie schnaubte. »Aber warum genau sind die so schädlich, das habe ich noch nicht ganz kapiert?«

»Ich auch nicht«, stimmte Tom ihr zu.

Ganz sicher war ich mir auch nicht. »Dieses Zeug, mit dem die Bildung von Fäulnis und Gestank verhindert werden soll, ist extrem schlecht für die Umwelt! Wenn ich es richtig verstanden habe, kann es Bakterien zerstören.«

Fragend sah ich zu Jacky, die nickte. »Richtig, es zerstört Bakterien, die zur Zersetzung der Fäkalien führen. Dann stinkt es weniger.«

»Hm, das ist eigentlich gar nicht so schlecht …?« Maggie runzelte angestrengt die Stirn. »Bakterien übertragen doch Krankheiten, oder?«

Mein Herz pochte plötzlich wie wild, weil ich mich an den Abschnitt auf dem Flyer erinnerte, in dem das Ganze erklärt war. Ich suchte ihn noch-mal und las vor: »Leider werden jedoch nicht nur die Bakterien in den Fäkaltanks gehemmt oder abgetötet. Wenn die Inhalte der Tanks in Kläran-lagen oder Gewässer eingeleitet werden oder in Böden landen, töten sie dort lebenswichtige Mi-kroorganismen ab. Dadurch werden schwerwie-gende Schäden in der Umwelt verursacht.« Ich ließ den Flyer sinken. »Mikroorganismen, dazu gehören zum Beispiel Bakterien, richtig?"

»Ja«, antwortete Jacky. »Mikroorganismen sind winzige Lebewesen, die man mit dem blo-ßen Auge nicht sieht. Im Boden gibt es davon Unzählige. Aber auch in einem Tropfen Wasser findet man Dutzende davon. Vielleicht auch noch mehr. Und Bakterien sind nicht immer schlecht, sondern es gibt auch nützliche Bakterien. Die sind wichtig für den Boden und das Wasser, aber auch für alle Lebewesen. Manche Bakterien brauchen wir, um gesund zu bleiben.«

»Stimmt«, sagte ich langsam, »in NW haben wir das durchgenommen. In Joghurt und in man-chen Milchprodukten gibt es doch auch solche Mikroorganismen, und die sind gesund für den Bauch.« Ich dachte angestrengt nach. Was hatte unsere Lehrerin noch mal gesagt? »Die müssen sich in der Darmflora ansiedeln, damit man Krankheiten abwehren kann.« Ich freute mich, dass mir das alles nochmal eingefallen war, und zum ersten Mal hatte ich das Gefühl, dass der Unterricht mir wirklich was gebracht hatte.

Tom schnalzte mit der Zunge. »Jetzt verstehe ich es. Es gibt gute Bakterien und böse Bakterien, und die Chemie macht keinen Unterschied, sondern tötet sie alle ab. Und wenn man diese guten Bakterien nicht mehr im Körper hat, kann man richtig fies krank werden.«

»Das ist ja genauso wie mit Medizin«, murmelte Maggie, »manche Medikamente zerstören im Körper wichtige Stoffe, die wir brauchen, um gesund zu bleiben. Das sagt jedenfalls Mom. Also, Antibiotika soll man zum Beispiel nur nehmen, wenn man so krank ist, dass es nicht ohne geht.«

»Das stimmt«, Jacky blickte nachdenklich zur Decke. »Das sehe ich wie deine Mom. Weil man, wenn man krank ist, manchmal eben nicht wieder gesund wird ohne Medizin. Allerdings kann man meistens die gesunden Bakterien im Körper wieder ansiedeln.«

»Kann man das in der Umwelt auch?«, fragte Tom.

»Oder vielmehr: Kümmern sich die Umweltverschmutzer darum, das anschließend zu machen?«, fragte ich. »Wohl kaum.«

»Wisst ihr, was ich am schlimmsten finde?« Maggie ballte eine Faust. »So wie es aussieht, hat derjenige seine Chemiebrühe ja nicht mal in eine Anlage gekippt, sondern mitten hinein in die Umwelt! In einen Bach, der zu einem Kinderspielplatz führt. Wenn die Chemie die Bakterien im Wasser und im Boden zerstört, dann doch auch die in den Körpern der Menschen.«

Wir schwiegen. Maggie hatte recht! Wahrscheinlich erinnerten sich meine Freunde auch gerade daran, dass wir vor ein paar Jahren selbst noch im Schellenbach gespielt hatten. Und da hatte keiner besonders darauf geachtet, ob wir uns mit den nassen Händen ins Gesicht fassten oder ob wir sie wuschen, bevor wir etwas zum Naschen in den Mund steckten. Mir wurde übel.

Jacky spitzte die Lippen. »Das ist wirklich keine kleine Sache, über die man einfach so Gras wachsen lässt, wisst ihr das? Was ist mit all den Kindern, die in den letzten Wochen dort gespielt haben?«

Maggie stöhnte auf. »Mist, es ist Zeit, ich muss los. Leute, wir müssen den Computer jetzt abschalten.«

Zehn Minuten später verabschiedeten wir uns, Maggie schnappte sich ihre Sporttasche, und wir liefen zur Schule, in deren Turnhalle das Bodenturnen stattfand.

»Und was machen wir jetzt?« Ratlos sah ich von Jacky zu Tom.

»Vielleicht kann dein Onkel uns einen Tipp geben?« Der Vorschlag kam von Tom.

»Ich weiß nicht. Wozu soll das gut sein?« Ich wollte Onkel Tobi eigentlich nicht hineinziehen. Selbst meine Eltern hatten klargemacht, dass sie in dieser Sache nichts weiter unternehmen wollten.

Doch Jacky nickte Tom zu. »Vielleicht, um mal die Meinung eines anderen Erwachsenen zu hören. Eines Erwachsenen, der keine Kinder hat. Ich meine, die Leute von Naturschutzorganisationen, die würden doch so was auch nicht einfach unter den Tisch kehren, oder? Die sind ja auch Erwachsene. Und Onkel Tobi sagte, dass wir ihn anrufen dürfen, wenn wir Schwierigkeiten haben.«

Ich zögerte. »Hm, ja, vielleicht habt ihr recht. Mit ihm zu reden kostet ja nichts. Lasst uns zu ihm fahren. Es ist Freitagnachmittag, da ist er bestimmt zuhause.«

Onkel Tobi zog die Brauen hoch, als er uns sah und ließ uns in seine Wohnung, wo er uns Saft auf den Tisch stellte. »Na, was haben die Kapisten denn jetzt wieder ausgefressen?«

Betreten sahen wir uns an. »Weißt du, was passiert ist, Onkel Tobi?«

Er lachte auf, doch dann wurde sein Gesicht ernst, er legte beide Unterarme auf dem Tisch ab. »Ich glaube, die ganze Stadt weiß, dass ihr eine Meldung beim Amt gemacht habt. Aber was danach passiert ist, weiß keiner. Da wird schön ein Mäntelchen drüber gedeckt.« Er boxte in die Luft. »Ich könnte ausrasten!«

»Ein Bauunternehmer soll hinter allem stecken«, begann Jacky. Onkel Tobi nickte.

»Klingt plausibel. Eine Chemiefabrik gibt es hier weit und breit nicht.«

»Es sind Abfälle aus Chemietoiletten gewesen«, erklärte Jacky und zog den Flyer heraus.

»Dann könnte es auch jemand gewesen sein, der solche Toiletten bei einer öffentlichen Veranstaltung aufgestellt hat. Das muss ja nicht unbedingt jemand aus Schellenstedt gewesen sein ...« Mein Onkel strich sich über die Augen. »Ach, keine Ahnung! Vielleicht ist es wirklich besser, die Sache zu vergessen. Jetzt ist der Bach ja nicht mehr verschmutzt, oder?«

»Also, es ist nichts mehr eingeleitet worden, aber wirklich sauber ist das Wasser natürlich noch nicht«, erklärte Jacky. »Das dauert noch eine kleine Ewigkeit. Und schließlich fließt der Bach am Ende in einen See, in dem es Fische und Enten gibt.«

»Wisst ihr«, Onkel Tobi seufzte, »die meisten Handwerksunternehmen hier vor Ort kennen sich untereinander, und die Bürger von Schellenstedt kennen sie auch. Viele sind miteinander befreundet. Und mit dem Bürgermeister oder anderen Mitarbeitern des Rathauses. Grumpitsch, Hubbel, Kalkfuß – das sind alles Schellenstedter Namen.« Er schüttelte den Kopf. »Ich kann mir nicht vorstellen, dass einer von ihnen so bescheuert ist und so etwas riskiert.« Er verzog den Mund, bevor er hinterherschob: »Andererseits will denen natürlich auch keiner ans Bein pinkeln. So herum wird auch ein Schuh daraus.«

Mir war bei der Nennung der Unternehmer heiß und kalt geworden. Das waren genau die Namen, die ich mir gestern notiert hatte.

»Gehört auch der Radelfänger dazu?«, fragte ich leise.

»Klar, Radelfänger, Birkenbrech und wie sie alle heißen. Die sind zum Teil mit deinem Vater oder mir zusammen zur Schule gegangen.«

»Und mit dem Bürgermeister«, murmelte ich.

Onkel Tobi beugte sich vor und sah uns nacheinander in die Augen. »Jungs, ich sage es nicht gern, aber eure Eltern haben recht. Am besten lasst ihr das Ganze auf sich beruhen. Es ist ja niemandem ein Leid geschehen, und die Sache ist beendet.«

Wie auf Verabredung standen wir drei auf und verabschiedeten uns von Onkel Tobi.

13 Gefahr im Verzug

Schweigend setzten wir uns auf unsere Räder und fuhren von Onkel Tobis Haus weg. Ohne uns darüber einigen zu müssen, schlugen wir die Richtung zum Stadtrand ein, um wieder zum Wald hochzufahren. Dabei mussten wir am Industriegebiet vorbei. Auch dort wurde gebaut, und schon von ferne sahen wir an einem Bauzaun abermals zwei dieser Chemietoiletten stehen. Ich bremste und hielt an, Tom und Jacky taten das Gleiche.

»Was ist?«, fragte Jacky. Ich zeigte auf die beiden Toilettenhäuschen. Wir waren noch ein Stück von der Baustelle entfernt. »Seht mal, diese Dinger stehen wirklich überall!«

»Das hier ist eine Baustelle vom Radelfänger!« Tom zeigte auf einen Laster, der soeben aus der Baustellenausfahrt herauskam. Der Namenszug war nicht zu übersehen. Wir duckten uns und schoben die Räder in die Nähe eines großen Buschs.

»Was machen wir jetzt?« Jacky sah von mir zu Tom.

»Wir spähen die aus«, erklärte ich, und ich hoffte, dass die beiden mir meinen rasenden Puls nicht an der Stimme anmerkten.

Sie nickten entschlossen.

»Einer von uns sollte Wache halten, falls jemand kommt.« Ich sah angestrengt zu der Baustelle hin. Anscheinend war jetzt niemand da – weder bei dem großen Gebäude noch bei den Toiletten oder dem kleinen Baucontainer konnte ich eine Menschenseele entdecken. Vermutlich hatten die Bauarbeiter eben Feierabend gemacht und waren jetzt auf dem Heimweg. Komischerweise hatten sie die Einfahrt aber nicht verschlossen. Ich ging davon aus, dass sie nicht mehr zurückkommen würden und es ungefährlich war, die Baustelle unter die Lupe zu nehmen.

»Tom, du kommst mit mir. Jacky, du bleibst hier. Einverstanden?« Beide nickten. Jacky wusste selbst, dass sie von uns dreien einfach die Langsamste war, wenn es darauf ankam.

So legten Tom und ich unsere Räder hinter Jacky unter dem Busch ab und gingen unauffällig zur Baustelle hinüber. Der Bau, den die Firma Radelfänger hier hochzog, sollte wohl ein Büro- oder Firmengebäude werden. Für ein normales Wohnhaus war er viel zu groß. Wir betraten das Gelände, und ich versuchte, beim Anblick des gelben Schilds »Betreten verboten – Eltern haften für ihre Kinder« nicht an Mama und Paps zu denken.

Wir schlenderten zu den Toilettenhäuschen. Zaghaft versuchten wir zuerst, die eine Tür, dann die zweite zu öffnen, aber beide waren verschlossen. Der verräterische, chemische Gestank zog uns aber trotzdem in die Nase.

»Also eines ist klar«, murmelte Tom, »das ist exakt der Mief, den wir am Bach gerochen haben.«

Wir hantierten weiter an der Tür des Häuschens herum und vergaßen in unserer Aufregung komplett, dass wir mit dem Rücken zur Straße standen.

Plötzlich erscholl ein Pfiff, erschrocken fuhr ich herum. Vor uns ragte ein Mann auf wie ein Baum. Wutschnaubend griff er Tom und mich am Kragen. Er musste entweder sehr stark sein, oder der Zorn verlieh ihm besondere Kräfte – jedenfalls zerrte er uns beide, ohne einen Ton zu sagen, zu dem Baucontainer, öffnete die Tür und schubste uns grob auf den Boden, dann schob er sich hinterher und zog die Tür zu.

Wir beide wussten nicht, wie uns geschah, und voller Angst rappelten wir uns langsam auf und starrten den Mann an. Er war etwa so alt wie der Fliesenleger Grumpitsch, den wir gestern kennengelernt hatten, aber viel größer und vor allem viel unfreundlicher. Sein gerötetes Gesicht verzog sich zu einer hässlichen Fratze, als er Beschimpfungen gegen uns ausspie. In dieser Sekunde erkannte ich ihn wieder: Er war der Mann, der uns damals von der Waldhütte verjagt hatte. *Ihm* gehörte das baufällige Wochenendhäuschen!

»Habe ich euch endlich! Was treibt ihr euch hier herum? Habt ihr nicht das Schild gelesen? Betreten verboten!« Drohend wischte er mit der

Hand vor unserer Nase durch die Luft. »Ihr Rotzgören! Nichts als Ärger hat man mit euch. Euch soll der Teufel holen!«

Er hielt einen Moment inne. Entsetzt starrte ich zu ihm hoch. So etwas hatte ich bisher nur aus Grimms Märchen gehört. Niemals hatte ich erlebt, dass ein Erwachsener einem Kind mit dem Teufel drohte. Ich warf Tom einen Blick zu und erkannte, dass es ihm ganz ähnlich erging. Komischerweise fasste ich dadurch wieder neuen Mut.

»Sie dürfen das nicht«, piepste ich.

»WAS!« Der Mann brüllte so laut, dass uns Spucketröpfchen ins Gesicht flogen. Tom straffte die Schultern, und auch ich richtete mich ganz auf. Ich war mir sicher, dass der Mann das nicht durfte, was er hier tat.

»Uns hier festhalten«, erklärte ich also, wobei meine Stimme noch immer unnatürlich hell klang. Tom nickte, wie ich aus dem Augenwinkel erkennen konnte.

»Pah! Dass ich nicht lache. Halte ich einen von euch fest? Ich berühre euch ja nicht mal.« Aber er versperrte uns den Weg nach draußen. Als ich einen winzigen Schritt zur Tür wagte, machte er sich nur noch breiter und grinste hämisch.

»Ich rühr mich hier erst weg, wenn ihr mir eure Namen genannt habt. Los, raus mit der Sprache! Wer seid ihr?«

»Tom Kruse«, murmelte Tom gehorsam.

Ich wollte eigentlich nichts sagen, aber die Antwort purzelte wie von selbst aus meinem Mund heraus. »Paul Naumann.«

Der Alte stemmte die Hände in die Hüften. »Habe ich es mir doch gedacht. Ihr seid diese beiden Knilche!« Er runzelte die Stirn. »Aber es waren noch zwei Mädchen dabei. Ihr habt mich angezeigt«, fuhr er uns unverhofft an. Sein Gesicht schien sich erneut zu röten.

»Nein«, quiekte ich, »wir haben niemanden angezeigt.«

»Ich weiß es doch aus erster Hand! Ihr wart das!« Er griff mich am Arm und schubste mich zu dem klapprigen Campingtisch an der Wellblechwand. Darauf standen ein paar benutzte Kaffeetassen und ein voller Aschenbecher. »Los. Setzt euch hierhin. Jetzt erzählt ihr mir mal, wie ihr dazu kommt, mich anzuzeigen.« Er schüttelte ununterbrochen den Kopf, während Tom und ich uns auf die Plastikstühle setzten. Mist, wie kamen wir aus der Nummer wieder raus?

Der Alte ließ sich auf den freien dritten Stuhl fallen und kramte eine zerknautschte Zigarettenpackung aus der Seitentasche seiner Hose, dann zündete er sich einen Glimmstängel an und pustete uns den Rauch entgegen. »Na los, worauf wartet ihr? Heraus mit der Sprache!«

Tom und ich sahen uns an, ich zog die Schultern hoch. Was wollte der Typ von uns? Auch Tom verzog zweifeln den Mund.

»Also, ich … äh …«, stammelte ich, »weiß gar nicht, was Sie meinen.«

Er schnalzte mit der Zunge. »Nun tu doch nicht so! Natürlich weißt du das, Junge. Wer hat mich denn beim Umweltamt angeschissen, hä?« Seine Augen sprühten Funken.

»Ach so, das«, sagte ich lahm.

Der Alte schlug mit der flachen Hand auf den Tisch. Von seiner Zigarette flogen Ascheflusen durch die Luft. Tom wimmerte, duckte sich zur Seite und sah mich aus zusammengekniffenen Augen an. Von ihm war im Moment keine Hilfe zu erwarten, aber das konnte ich meinem Kumpel nicht vorwerfen. Mir ging es ja auch nicht viel besser.

»Los jetzt«, keifte der Alte, »wie seid ihr auf diese hirnrissige Idee gekommen?«

»Also, da waren diese Schaumflocken im Bach, und es stank so grauenhaft. Und dann haben wir all diese Plastikkübel an der alten Hütte im Wald gesehen.«

»Dort habt ihr überhaupt nichts verloren!«, polterte er dazwischen.

»Wir haben aber meine kleine Schwester gesucht, und die war in der Hütte eingeschlossen.«

»Deine kleine Schwester?«

»Ja. Lasse Knocke und sein Freund Umit haben sie dorthin gelockt und dann aus Versehen eingesperrt. Die Tür war verklemmt, Lily konnte nicht mehr heraus.« Mich überkam eine Wut, als ich daran zurückdachte. Das war doch nicht zu fassen. WIR hatten gar nichts Schlimmes angestellt, aber wir sollten alles abkriegen. Was bildete dieser Opa sich überhaupt ein?

»Wie sind diese Lausebengel da reingekommen? Die müssen den Schlüssel gefunden haben«, hörte ich ihn grummeln. Dann wischte er meine Worte mit einer Handbewegung beiseite und beugte sich wütend vor. Die Zigarette war inzwischen nur noch ein Stummel, der an seiner Unterlippe pappte.

»Ihr solltet euch aus Dingen heraushalten, von denen ihr überhaupt nichts versteht! Die Hütte ist mein Privateigentum, da habt ihr nichts verloren.«

So langsam kapierte ich alles. Wenn Lasse gewusst hatte, dass der Radelfänger an der Hütte einen Schlüssel versteckt hatte, dann bedeutete das wohl, dass die beiden Familien nicht nur benachbart waren, sondern sich auch sehr gut kannten. Was ja wiederum die Worte bestätigte, die Onkel Tobi heute Nachmittag zu uns gesagt hatte. In der ganzen Stadt kannte man sich untereinander. Ich fragte mich bloß, ob Lasse und Umit sich nicht über den Gestank am Bach und über die Plastikkanister gewundert hatten – aber vielleicht waren die von ihrem fiesen Plan so abgelenkt gewesen, dass sie es nicht bemerkt hatten.

Tja, unsere Befreiungsaktion für Lily und der ganze Aufruhr mit der Polizei hatten Radelfänger wohl aufgeschreckt und dafür gesorgt, dass er die Spuren beseitigte. Deswegen waren schon am nächsten Tag alle Behälter verschwunden und das Fenster repariert gewesen. Da der Alte sich jetzt nur mir zugewandt hatte, schien Tom sich wieder zu erholen. Seine Gesichtsfarbe normalisierte sich, und ich sah ihm an, dass es in seinem Kopf genauso ratterte wie in meinem.

»Wir haben das Wasser getestet und bemerkt, dass es völlig verseucht ist, und zwar von Ihnen!« Da war er wieder, der coole Tom! Staunend sah ich zu, wie er aufstand und mit ausgestrecktem Finger auf den Alten zeigte. Der schien eine Sekunde perplex, doch dann schnippte er die Zigarettenkippe in den Aschenbecher und sprang überraschend beweglich auf. Natürlich überragte er Tom, wenn auch nur einen halben Kopf. Ich sprang ebenfalls auf, um meinem Kumpel Rückhalt zu geben. Aber das nützte wohl nicht viel, weil ich so ein Zwerg war.

»Woher willst du wissen, dass ich das war?«, brüllte Radelfänger Tom an.

»Wir wussten es ja gar nicht!«, schaltete ich mich dazwischen, »wir haben doch nur die Testergebnisse angegeben.«

»Äh, genau!« Tom sah zu mir rüber und kratzte sich am Kopf.

Ich nickte ihm zu. »Sie haben sich selbst verraten, wissen Sie das? Wir wussten nicht, wer das Zeug in den Bach gekippt hat.«

Der Alte zog die Brauen hoch. Anscheinend fiel ihm ausnahmsweise keine Antwort ein.

»Und das waren genau solche Chemietoiletten, wie sie da draußen stehen. Sie haben die Fäkalientanks einfach in den Schellenbach geleert!« Voller Angst hielt ich die Luft an. Wie würde er darauf reagieren?

Der Alte pumpte sich auf wie ein gasbefüllter Luftballon, und sein Gesicht färbte sich immer kräftiger rot. Mist, vielleicht hätte ich besser doch meine Klappe gehalten! Doch bevor er uns nochmals anbrüllen konnte, öffnete sich plötzlich die Tür, und ein Mann in Papas Alter trat ein. Er erstarrte, als er uns sah, und wirbelte zu dem Alten herum.

»Was ist hier los?«

»Sieh sie dir an! Das sind die Gören, die uns den ganzen Ärger eingebrockt haben.«

Der Jüngere musterte uns, doch offensichtlich sah er die Sache anders als der Alte. Er stöhnte. »Bist du des Wahnsinns? Du kannst doch nicht die Kinder hier festhalten!« Er beugte sich vor und griff nach meiner Schulter, wollte mich zur Tür schieben, doch der Alte stellte sich ihm in den Weg. Mir war inzwischen klar geworden, dass die beiden Vater und Sohn sein mussten. Den Jüngeren hatte ich vor einiger Zeit mal im Kindergarten gesehen. Seine Kinder waren kleiner als Lily und ich.

»Lass mich durch«, fuhr er seinen Vater an. »Du machst alles nur noch schlimmer. Die Sache ist doch längst gegessen!«

»Man muss diesen Rotzbengeln einen Denkzettel verpassen«, spie der Alte aus.

»Vater, komm zur Besinnung! Das sind Kinder. Würdest du wollen, dass Kim und Jannik mal so etwas passiert? Ich sagte dir von Anfang an, dass das Ganze eine Furzidee war. Aber du wolltest einfach nicht auf mich hören. So etwas geht immer nach hinten los. Im Grunde hast du es nicht besser verdient. So eine Sauerei!« Er schimpfte weiter vor sich hin, schob seinen Vater zur Seite, zog Tom und mich zur Tür und öffnete sie rasch. »Los, fort mit euch, und am besten kommt ihr nicht mehr wieder. Die Sache mit dem Schellenbach ist erledigt.«

Tom und ich nahmen die Füße in die Hand und rannten zur Baustellenausfahrt. Erst als wir direkt vor ihnen standen, sahen wir Onkel Tobi, Jacky und Maggie, die ihrerseits auf das Baugelände zugerannt waren.

»Hey, Moment!«, schrie Onkel Tobi und winkte heftig. Radelfänger Junior zuckte zusammen und machte einen hektischen Schritt zum Baucontainer, aber dann sackten seine Schultern herunter, und er drehte sich zu uns um. Hinter ihm schob sich der Alte in die Türöffnung. Es hätte mich nicht gewundert, aus seinen Nasenlöchern Rauch aufsteigen zu sehen. Seine Wut war beinahe greifbar.

»Was gibt's!«, blaffte er. Sein Sohn legte ihm die Hand auf den Arm.

»Lass mich das machen«, hörte ich ihn auf den Alten einreden. Der schien sich aber nicht beruhigen zu wollen, sondern schüttelte die Hand des Juniors ab und stapfte mit schnellen Schritten auf uns zu, den Kopf nach vorne geschoben wie ein Hahn, der zupicken will.

Onkel Tobi schob Tom und mich hinter sich. Ich konnte ihm die Anspannung im Gesicht ansehen. Jacky nickte mir zu, in ihrer rechten Faust hörte ich es knistern. Brösel von Erdnussschalen rieselten zwischen ihren Fingern herunter.

Mein Onkel stieß ein Lachen aus, das sich wie das Schnauben eines großen Hundes anhörte. Er straffte die Schultern und sah dem alten Radelfänger angriffslustig entgegen.

»Vater!«, schrie dessen Sohn und kam ihm hinterher. Kurz bevor der Senior Onkel Tobi erreichte, griff er von hinten nach ihm und konnte ihn gerade noch zurückhalten. Wir vier duckten uns unwillkürlich, denn es sah wirklich und wahrhaftig so aus, als wolle der Alte meinen Onkel einfach umrennen. Zum Glück war sein Sohn aber stark genug, um ihn aufzuhalten.

»Ach, der Tobi«, knurrte der Senior. »Lass mich!«, fuhr er seinen Sohn an. »Ich mach schon nichts.«

»Wirklich?«, fragte der Junge nach und ließ ihn erst los, nachdem er sich offensichtlich entspannt hatte.

»Was hast du denn mit diesen Rotzlöffeln zu schaffen?« Der Alte zeigte mit einer herrischen Bewegung seines Unterarms auf uns, dann öffnete er den Mund. »Ach, jetzt wird mir einiges klar. Der hier heißt doch Naumann. Ist das dein Junge?«

»Nicht, dass das von Bedeutung wäre, aber nein, ist er nicht. Er ist mein Neffe«, erklärte Onkel Tobi. »Wie lange hast du die Kinder hier festgehalten?«

Radelfänger Senior stieß ein weiteres Mal sein wütendes Schnauben aus. »Habe ich doch gar nicht. Keinen habe ich festgehalten!«

»Doch!« Jacky trat einen kleinen Schritt vor. »Ich habe nämlich hinter dieser Hecke Wache gehalten und alles gesehen. Sie haben die beiden in den Container gestoßen. Und das ist jetzt, Moment …« Sie sah auf ihre Armbanduhr, »ziemlich genau dreißig Minuten her. Ich habe nämlich auf meine Uhr geschaut, als die Tür verschlossen blieb.« Der Alte wollte einen Ausfallschritt zu Jacky machen, aber sein Sohn hatte wohl mit so etwas gerechnet und hielt ihn zurück. Jacky drehte sich zu Tom und mir um.

»Ich wusste zuerst nicht, was ich machen sollte, aber dann dachte ich daran, dass Maggie im Turnverein ist, und bin mit dem Rad zu ihr gefahren. Sie hatte die Idee, deinen Onkel anzurufen.«

»Und ich habe es bei deinen Eltern versucht, aber die sind ja nie zu erreichen«, fügte Onkel Tobi hinzu. »Da ging nur die Mailbox ran.« Er drehte sich wieder zu den beiden Bauunternehmern um. »Euch ist klar, dass ihr damit eure Schuld eingestanden habt, oder?«

»Stimmt«, rief ich aus. »Keiner hat gewusst, dass die Firma Radelfänger hinter dieser Umweltsauerei steckt, aber jetzt ist alles sonnenklar.« Ich musste lächeln. »Das war so gut wie ein Geständnis.«

Der Jüngere stöhnte. »Mann, Vater, habe ich es dir nicht gesagt? Du treibst uns noch in den Ruin mit deiner Unbeherrschtheit.«

Onkel Tobi stemmte die Hände in die Hüften. »Ist das alles, was dir dazu einfällt? Du regst dich über seine Unbeherrschtheit auf? Findest du nicht auch, dass das, was ihr im Wald getan habt, viel schlimmer ist? Womit ich nicht sagen will, dass es in Ordnung war, die Jungs festzuhalten, das war es nämlich nicht! Und das wird die Anklage um einen weiteren Punkt erweiterten.« Er schüttelte den Kopf. »Nicht zu fassen, einfach nicht zu fassen!«

Der junge Radelfänger schaute unglücklich drein. Ich musste immer an seinen kleinen Sohn und seine Tochter denken. Wie konnte jemand die Umwelt verseuchen, in der seine eigenen

Kinder spielten? Und was war das für ein Opa? Denn der Alte hatte ja wohl die Idee mit der Entsorgung der Giftbrühe in der freien Natur gehabt!

In diesem Moment fuhr ein Auto heran und blieb mit quietschenden Reifen neben uns stehen. Meine Eltern! Dicht hinter ihnen sah ich den kleinen Wagen von Maggies Mom und dann den von Jackys Eltern. Sie alle stiegen aus, und sofort erfüllte ein aufgeregtes Stimmengewirr die Luft, in dem man überhaupt nichts mehr verstehen konnte. Mama zog mich an sich und drückte mich an die Brust, während Paps mit erhobenen Armen auf die beiden Radelfängers zuging und auf sie einredete. Ich konnte allerdings, wie gesagt, nichts verstehen, weil die Erwachsenen wie eine wilde Horde Affen durcheinander brüllten.

»Polizei«, konnte ich erst nach einigen Minuten heraushören, und plötzlich beruhigten sich alle.

Tja, und das war das Ende der Geschichte, jedenfalls beinahe. Meine Eltern und der Paps von Tom zeigten den alten Radelfänger an, weil er uns eingesperrt hatte. Ich war gespannt, ob er ins Gefängnis musste, aber ehrlich gesagt glaubte ich das nicht. Na ja. Er würde sicher nicht mehr solchen Mist bauen. Ich kaufte es seinem Sohn ab, dass er die Handlungsweise seines Vaters nicht in Ordnung fand. Aber er hätte es ihm wirklich klarer sagen müssen. Ich dachte lange darüber nach, wieso der junge Radelfänger den Alten nicht daran gehindert hatte, etwas so Schlimmes zu machen, das nicht nur für die Umwelt, sondern auch für die Kinder unseres Ortes richtig gefährlich werden konnte. Zuerst konnte ich das absolut nicht verstehen, aber dann überlegte ich mir, was ich tun würde, wenn ich meinen Paps oder auch einen meiner Freunde bei etwas erwischen würde, das nicht in Ordnung war. Würde ich sie sofort anzeigen oder würde ich versuchen, sie davon abzuhalten? Die Antwort war klar: Ich würde alles dafür tun, sie gar nicht erst so etwas Schlimmes machen zu lassen. Aber was, wenn ich es nicht schaffen würde? Das fand ich schwierig, weil ich meine besten Freunde oder meine geliebten Eltern nicht vor Gericht würde bringen wollen.

Trotzdem! Es war nicht nur eine Straftat, was der Radelfänger da gemacht hatte, sondern sogar gefährlich für andere. Vielleicht hatte sein Sohn auch zu spät mitbekommen, was sein Vater getan hatte, und ihn gar nicht daran hindern können. Das dachte ich mir dann, weil ich es mir einfach nicht vorstellen konnte, wie jemand sowas zulassen konnte. Und dann fiel mir wieder ein, dass alle Erwachsenen uns ja eher gebremst hatten, nachdem wir die Meldung beim Umweltamt gemacht hatten. Dabei war das zu hundert Prozent richtig gewesen von uns! Ich würde auch in Zukunft niemals zögern, wenn ich eine Umweltsauerei entdeckte, dazu war ich fest entschlossen. Dafür gab es einfach keine Entschuldigung!

Meine Eltern entschuldigten sich übrigens bei mir. Ich gestand ihnen, dass ich mich von ihnen im Stich gelassen gefühlt hatte. Sie versprachen, dass sie nächstes Mal hinter uns stehen würden, falls einer ihrer angeblichen Freunde eine Straftat begehen würde.

Ach so, eine Sache noch zum Bürgermeister: Der hatte sich ja in der ganzen Geschichte nicht gerade mit Ruhm bekleckert, aber ihm war nichts nachzuweisen. Er musste sich tierisch darüber aufgeregt haben, dass es im Amt eine »undichte Stelle« gab. Mein Onkel Tobi konnte darüber nur herzhaft lachen. »Wie naiv muss man sein, um zu denken, dass man in Schellenstedt eine solche Sache einfach unter den Teppich kehren kann!«

14 Der Hund

Nach unserem Abenteuer mit der Unweltsauerei im Schellenbach waren wir eine ganze Zeitlang das Hauptgesprächsthema in Schellenstedt, und viele der Kinder in unserer Schule zeigten uns, dass sie das klasse fanden. Wir nahmen sogar zusammen mit Herrn Kugelschrieb zum ersten Mal an einer Demo für den Klimaschutz teil. Er sagte uns dann allerdings, dass er das in Zukunft nicht mehr machen dürfe, weil er als Lehrer damit Probleme bekommen könnte. Fand ich zwar doof, konnte ich aber verstehen. Ich winkte also nur ab, als er das sagte, und interessanterweise sah ich da zum ersten Mal etwas, das ich nie erwartet hätte: Der coole Herr Kugelschrieb mit dem Pokerface wurde knallrot. Sein Gesichtsausdruck war genau der gleiche wie bei Mama und Paps, als sie uns baten, nichts mehr in Sachen Schellenbach zu unternehmen.

Wir Kapisten nahmen auch weiterhin keine neuen Mitglieder in unsere Bande auf, aber wir arbeiteten bereitwillig an der Gründung einer Umwelt-AG in der Schule mit. Nun freuen wir uns schon auf die sechste Klasse, in der wir unsere Spurensuche im Schellenbach in einer Projektwoche vorstellen sollen.

Als die Sommerferien begannen, waren wir überglücklich, dass wir erst mal eine Weile Ruhe von allem haben würden. Wir haben uns nämlich vorgenommen, noch ganz viele Dinge herauszufinden, damit wir argumentieren können, wenn wir merken, dass Leute sich nicht um die Umwelt scheren. Durch die aktuellen Klimaschutzdebatten angeregt, befassten wir uns besonders mit dem Thema Klimawandel und Erderwärmung. Da gibt es noch so vieles herauszufinden!

Wie sich herausstellte, war mein Onkel Tobi wahnsinnig froh darüber, dass ich ihn wieder mochte. Er gestand mir kurz nach der Schellenbachaffäre ein, wie sehr er es bedauert hatte, mich als Kleinkind mit der Hundesache so veräppelt zu haben. Und in der ersten Ferienwoche rief er dann an und fragte, ob ich mit den Kapisten mal zu Besuch kommen wolle.

So fuhren wir an einem schönen sonnigen Tag zu viert zu Onkel Tobi. Als wir an der Tür klingelten, erscholl plötzlich Hundegebell von irgendwo hinter dem Haus. Onkel Tobi öffnete und grinste breit. »Da seid ihr ja. Kommt mit in den Garten, ich möchte euch jemanden vorstellen.«

Wir gingen also vorne ins Haus hinein und hinten wieder hinaus. Kaum hatten wir die Terrasse betreten, schoss ein kleines, scheckiges Knäuel auf mich zu, das wie ein Flummi um mich herumhüpfte und aufgeregt bellte. Ein Hund! Er bewegte sich so schnell und vorwitzig, dass ich ihn kaum erkennen konnte. Kurz wuselte er auch zu meinen drei Freunden, aber dann kam er wieder zu mir zurück, warf sich vor mir auf den Rücken und ließ sich von mir den Bauch kraulen. Ein total knuffiger kleiner Kerl war es, mit einem putzigen Gesicht, das halb braun, halb weiß war. Seine Knopfaugen eroberten mich sofort, und dass er sich am meisten von mir kraulen ließ, machte mich wahnsinnig stolz.

»Darf ich vorstellen, das ist Lissy, mein Hundemädchen. Sie ist eine Promenadenmischung, ich habe keine Ahnung, woraus. Ihre Eltern sind auch schon Mischlinge, die Mutter ist kniehoch, der Vater etwas niedriger. Warten wir mal ab, was aus ihr wird.«

»Sie ist eine Wucht«, sagte ich, worauf Lissy anfing, meine Hand zu lecken. Ich setzte mich einfach neben sie auf die Erde und ließ sie.

»Das ist die größte Zuneigungsbekundung, die sie dir geben kann, weißt du das? So etwas hat sie bisher nur bei mir gemacht.«

»Der Hund ist eine Wucht«, stimmten auch die Kapisten zu. »Dürfen wir mit ihr manchmal Gassi gehen?«

»Auf jeden Fall. Solange sie noch ein Welpe ist, dürft ihr sie bloß nicht überfordern. Man überschätzt Hundebabys so leicht.« Dann sah Onkel Tobi wieder zu mir. »Das ist eine kleine Wiedergutmachung, Kumpel. Okay?«

Ich strahlte ihn an und nickte bloß. Als die Kapisten uns fragend ansahen, sagte mein Onkel nur: »Ist ein Insider.«

Inzwischen war ich wieder aufgestanden, und wir gingen alle in den Garten, wo Onkel Tobi ein Picknick für uns vorbereitet hatte. Wir ließen es uns gutgehen.

Lissy stromerte zwischen uns hin und her und suchte die Krümel auf der Decke. Dann warf sie sich neben mir auf die Seite und schlief fast sofort ein.

Wir mussten alle lachen.

»Wisst ihr was«, sagte Tom, »Lasse wird sich ein Loch in den Bauch ärgern, wenn er erfährt, dass wir jetzt quasi einen Hund haben. Der wünscht sich nämlich schon ganz lang einen. Aber seine Mutter und seine Schwester sind allergisch dagegen.«

Tja, Pech gehabt!

Die Kapisten stellen sich vor

Ich bin Paul Naumann, elf Jahre alt, und gehe zur fünften Klasse der Gemeinschaftsschule in Schellenstedt. Meine drei besten Freunde gehören zu mir wie Geschwister.

Der erste heißt Thomas Maria Kruse, aber er hasst diesen Namen und lässt sich von uns nur Tom rufen. Als meine Mutter im Kindergarten zum ersten Mal seinen Namen hörte, hat sie laut gelacht. Es gibt nämlich einen amerikanischen Schauspieler, der so ähnlich heißt. Aber mein Freund Tom Kruse ist cooler als jeder Schauspieler. Er ist ein Jahr älter und etwas größer als ich, geht aber in dieselbe Klasse. Er musste vor der Schule noch ein Jahr lang im Schulkindergarten bleiben, so kam das. Schon in der Grundschule waren wir Freunde. Ich glaube, die Mädels sind alle in Toms braune Augen verknallt, was ihn aber gar nicht interessiert. Tom ist total sportlich und einfach gechillt, ohne dass er was dafür machen muss.

Sein Vater sagt, Toms Begabung liegt im Praktischen. Seine Mutter kennen wir nicht. Die hat ihn und seinen Vater »sitzengelassen«. Das sagt jedenfalls Toms Vater. Tom spricht nicht gern darüber. Kann ich verstehen.

Zurück zu den Mädels: Die finden ihn alle »süß«, nur zwei nicht, und damit sind wir schon bei den beiden anderen im Team:

Magdalena Waters ist die zweite. Sie ist elf, wie ich, aber fünf Zentimeter größer. Sie hat dunkle Haut, wie ihr Vater. Der ist in Deutschland geboren, aber seine Eltern kommen aus Amerika. Maggies Daddy wohnt nicht bei ihr und ihrer Mutter, sondern in Berlin, wo er versucht, als Komiker Karriere zu machen. Somit hat Maggie etwas mit Tom gemeinsam, allerdings hat ihr Dad sich nicht komplett aus dem Staub gemacht, und sie besucht ihn jeden Sommer mit ihrer Mutter. Keiner von uns begreift, wieso die beiden nicht zusammenleben, weil die sich super verstehen, aber wer kann schon sagen, was in den Köpfen von Erwachsenen vorgeht?

Maggies Mom leitet eine Kunstgalerie. Sie sieht aus wie Omas Porzellanpuppe, so blass und ein bisschen durchscheinend. Vielleicht kennt ihr solche Leute? Maggie ist mit ihren wilden braunen Locken und den schwarzen Augen genau das Gegenteil von ihrer Mom. Die zwingt Maggie, im Turnverein Bodenturnen zu machen. Zwei Mal die Woche muss sie nachmittags dorthin, obwohl sie keine Lust darauf hat.

Maggie trägt gerne zerrissene Hosen, dann sieht sie fast aus wie ein Junge. Ich glaube, die anderen Mädchen mögen sie nicht, weil sie sie nicht verstehen. Maggie ist hyperaktiv, sie hat diese komische Krankheit, ADHS. Deshalb tickt sie manchmal ein bisschen aus, stört in der Klasse, hört nicht richtig zu, hibbelt herum und solche

Dinge. Dass sie in unserer Bande mitmischt, hat sich einfach so ergeben. Wir kennen uns nämlich auch schon aus dem Kindergarten, und Maggie gehört einfach dazu, fertig.

Zur Bande zählt noch Jaqueline Kopper. Genau wie Tom kann sie ihren Eltern nicht verzeihen, was für einen Vornamen sie ausgesucht haben. Deshalb nennen wir sie nur Jacky.

Unseren Bandennamen haben wir übrigens von ihr. Jacky ist ein »Wunderkind«. Sie hat einen besonders hohen IQ, das bedeutet Intelligenzquotient. Meistens merkt man Wunderkindern ihre Intelligenz gar nicht an, weil sie in der Schule nicht unbedingt die besten Noten bekommen. Also, ob Jacky wirklich ein Wunderkind ist, weiß ich nicht, aber auf jeden Fall ist sie megaschlau. Sie hatte die Idee, unsere Bande »die Kapisten« zu nennen. Wir hatten noch »die Checker« in der Auswahl. Aber Jacky meinte, dass das ein Name wäre, auf den ja wohl jeder kommt, und wir sind nicht jeder. Also sind wir jetzt »die Kapisten«, auch wenn Tom in den Schulkindergarten musste, weil er noch nicht »schulreif« war, Maggie nie eine Geschichte bis zum Ende anhören kann und ich selbst viel zu faul bin, für gute Noten stundenlang Hausaufgaben zu machen. Jacky meint dazu, dass wir trotzdem ganz schön schlau sind und uns gegenseitig prima ergänzen. Sie spricht öfter wie eine Erwachsene. Wörter, die wir nicht verstehen, erklärt sie uns einfach. Sie sagte, unser

Bandenname ist aus dem lateinischen Wort »capere« und aus dem italienischen »capire« abgeleitet. Die Bedeutung ist eine Mischung aus »kapieren« und »erfassen«. Wir finden das genial, und genial ist typisch Jacky.

Jackys Eltern wundern sich übrigens, dass sie so ein schlaues Kind haben. »Von mir hat sie das nicht«, sagt ihr Vater, wenn sie wieder ein Einserzeugnis nach Hause bringt. Und ihre Mutter schüttelt dann den Kopf. »Von mir auch nicht.«

Jacky kennt sich von uns allen am besten mit Computern und dem Internet aus, außerdem liest sie unheimlich viel. Bewegen tut sie sich nicht so gerne, da müssen wir sie oft mitziehen. Ihre dichten, roten Haare trägt sie kurz, weil das am praktischsten ist, sagt sie. Jacky sollte eigentlich das Gymnasium besuchen, aber sie wollte mit uns zusammenbleiben. Sie meinte, dass sie auch nach der Zehnten noch locker zum Gymnasium wechseln kann. Mein Paps hat schallend gelacht, als er das hörte, und dann gesagt: »Wo sie recht hat, hat sie recht.«

Tja, und so sind wir seit dem Kindergarten schon unzertrennlich, und seit wir »die Kapisten« sind, kennt uns auch die ganze Schule. Uns geht es übrigens nicht darum, besser zu sein oder schneller oder so. Nein, wir wollen einfach nur unser Ding machen.

Und seit unserem Abenteuer am Schellenbach sind wir nun auch die »Vier für die Umwelt«, aber das behalten wir für uns, sonst würden uns die Erwachsenen vielleicht wieder davor warnen, keine *heiklen* Themen anzupacken.

Danksagung

Manche Leserinnen und Leser blättern immer zuerst zu den Danksagungen vor. Ich mache das auch oft. Deshalb freue ich mich auch bei diesem Kinderkrimi wieder sehr, einigen Menschen für ihren Rat oder ihre Unterstützung danken zu dürfen. Auch dieser Krimi, wie mehrere meiner Werke, hat einige Jahre auf der Festplatte gelegen, bis ich endgültig beschlossen habe, dass die Zeit dafür reif ist. Im Lauf dieser Jahre haben daher mehrere Menschen ihn gelesen und mir ihre Meinung dazu gesagt. Bestärkung, aber auch Kritik, und natürlich sachliche oder fachliche Informationen können einem Buch immer nur guttun. Deshalb sage ich folgenden Personen meinen Dank:

Katja Prinz, die das gesamte Manuskript zu einem relativ frühen Zeitpunkt gelesen und als Agrarökonomin insbesondere zur beschriebenen Umweltverschmutzung einige sachdienliche Hinweise geben konnte.

A propos »sachdienlich«: Auch Kriminalhauptkommissarin Jana Lukaschek gilt mein herzlicher Dank, die bei meiner Frage nach der polizeilichen Telefonüberwachung über meine altmodische (und Tatort-inspirierte) Vorstellung herzhaft lachen musste. Sie hat mir mehrere Fragen zur Polizeiarbeit beantwortet, schnell und unbürokratisch. Zu beiden Punkten – Umweltverschmutzung und Polizeiarbeit – ist natürlich zu sagen: Sollte ich trotz sorgfältiger Recherche etwas nicht richtig beschrieben haben, so gehen die verbliebenen Fehler auf mein Konto.

Meiner Testleserin in allen Lebenslagen und lieben Schwester Steffi Cernko danke ich für frühzeitiges Feedback.

Dorothea Stiller danke ich für das hervorragende und gründliche Lektorat. Sie legt den Finger genau auf die richtigen Stellen, und ich bin froh, in ihr eine so professionelle Lektorin gefunden zu haben. Das gilt auch für das Cover. Mit einem feinen Gespür, was zur Geschichte passt und die Zielgruppen erreicht, hat sie mir das perfekte Cover gestaltet. Ihr könnt sie übrigens über ihren »Textzellenz Lektoratsservice« im Internet finden.

Außerdem sage ich meiner Schreibsis Heike Schulz herzlichen Dank. Sie hat mir in einer unserer heißgeliebten Eifel-Schreibklausur-Nächte noch ein paar treffende Fragen gestellt, als ich ihr das Buch vorlas, und damit Gedankengänge angeregt, die in Lösungen mündeten. Gute, professionelle Autorenkolleg*innen sind einfach das Beste! Doro, Heike, ihr seid großartig!

Auch allen anderen Testleserinnen, die zu einem frühen Stadium in das Manuskript hineingeschaut und mit mir darüber gesprochen haben, danke ich herzlich.

Ganz besonders möchte ich an dieser Stelle

aber auch den Lehrern und Lehrerinnen danken, die mich zu Schullesungen eingeladen haben. Jetzt haben wir wieder einen neuen Krimi, aus dem ich vorlesen kann.

Dieser Dank geht genauso an die Buchhändler*innen, die mich mit ihrem Interesse und durch Empfehlungen unterstützen.

Als letztes aber danke ich euch Kids! Für euch schreibe ich diese Krimis, und ihr macht mir Freude mit eurer Begeisterungsfähigkeit. Also Danke dafür, dass ihr euch auf das Medium Buch einlasst und dann sogar Spaß damit habt!

Im August 2020, Angelika Lauriel

Leseprobe

Phantanimal: Die Suche nach dem Magischen Buch

Drache und Wolf

»Ein Wolf! Mama, da oben über dem See fliegt ein Wolf!« Die Kinderstimme klang hell vor Aufregung.

Was meint das Kind? Phantanimal reckte seinen Drachenhals, um zu sehen, was dort oben am Himmel flog. Er verschluckte sich. Das war unglaublich: Siegwulf! Die silbern glänzenden Flügel ausgebreitet, segelte der Fabelwolf auf dem Wind und bewunderte sein Spiegelbild im See. Phantanimals Schuppen erzitterten bei dem Gedanken, dass diese Menschen den Fabelwolf sehen konnten! Spürte Siegwulf die Gefahr nicht? Wieso schützte er sich nicht mit dem Unsichtbarkeitszauber?

Ich muss ihn warnen! Ich muss da raus und etwas tun! Wie gelähmt blieb Phantanimal sitzen. In seinem Kopf formten sich die Gedanken, dennoch konnte er seine Behäbigkeit nicht so schnell überwinden. Hilflos verfolgte er Siegwulfs Bewegungen mit den Blicken.

Der bemerkte nichts. Unbekümmert zog er mal höher, mal tiefer seine Runden und genoss den eigenen Anblick. Er war das eitelste Fabelwesen, das Phantanimal in seinem ganzen Leben kennengelernt hatte. Und das war ein langes Leben.

Eine nervöse Frauenstimme drang in sein Ohr. »Was erzählst du denn da für einen Unsinn? Ein Wolf fliegt nicht.«

»Der hier aber schon, dort oben.«

»Schatz, lass den Qua... Mein Gott, ein fliegender

Wolf!«

Ihr Ton rutschte mit jedem Wort höher. »Unter die Bäume, Liebling!« Dann kreischte sie: »Tom, hol dein Gewehr, schnell!«

Phantanimal zuckte zusammen. Tom musste ihr Mann sein, der in der Nähe einen Picknickkorb in seinem Lieferwagen verstaute. Beim Klang ihrer Stimme wirbelte er herum. Mit zwei Schritten stand er neben seiner Frau und griff nach ihrem Oberarm. »Was ist los?«

Als hätte die Antwort des Mannes den Bann gebrochen, konnte Phantanimal sich endlich rühren. Vorsichtig schlich er näher heran und sah, wie sie nach oben deutete. Sie flüsterte: »Da … da oben ist … ein Wolf!« Die Knöchel der Hand, mit der sie die Schulter ihres Sohnes umklammerte, traten weiß hervor. Der Junge wirkte nach wie vor fasziniert von Siegwulf.

Phantanimal stöhnte bei den Regungen, die sich auf dem Gesicht des Mannes abzeichneten: Seine Augen weiteten sich, er riss den Mund auf wie zu einem Schrei. Dann fasste er sich jedoch, stieß einen Fluch aus, hastete zum Auto und zog ein Gewehr von der Ladefläche.

»Schande!«, fluchte Phantanimal. *Ich muss den Mann ablenken. Sofort!*

Er rannte los, durch den Zauber vor den Blicken der Menschen geschützt. Schon brach er am Ufer des Sees zwischen den Bäumen hervor. Er war dem Mann bereits ganz nahe, der mit dem angelegten Gewehr auf Siegwulf zielte. Da spürte Phantanimal unerwartet ein Kitzeln, das seinen gesamten Körper erfasste. Ausgerechnet jetzt? Der Tarnzauber verlor seine Kraft! Ungeschützt walzte Phantanimal auf die Menschen zu. Sie starrten nach oben zu Siegwulf, deshalb bemerkten sie ihn noch nicht. Doch gleich darauf fuchtelte der Junge unter den Bäumen mit den Armen, um auf ihn zu zeigen, seine Mutter riss die Augen auf, und bei dem gurgelnden Geräusch, das aus ihrer Kehle drang, schwang der Vater mitsamt dem Gewehr zu Phantanimal herum. Unter seinen Klauen stob Erde auf, als Phantanimal stehen blieb. »Verberge mich im Licht – ein Mensch sieht mich nicht.« Wie eine Beschwörungs-formel murmelte er den Zauberspruch mehrmals hin-tereinander und versuchte verzweifelt, sich kleiner zu machen. Der Zauber funktionierte nicht!

»Das ist … das ist ein Drache«, stotterte der Junge, der als Einziger nicht die Sprache verloren zu haben schien. Seine Eltern standen unbeweglich wie Statuen. Die Mutter umklammerte die Schultern ihres Sohnes, der Mann hielt das Gewehr im Anschlag, schien aber zu keiner Regung fähig zu sein.

Wie konnte ich so dumm sein, mich ihnen als Drache zu zeigen?

Immer wieder murmelte Phantanimal die Formel, der Zauber stellte sich nicht ein. Langsam, vorsichtig setzte er einen Fuß zurück, dann den nächsten, und bewegte sich in Richtung der Bäume, behielt den Gewehrlauf im Blick. Wie ein schwarzes Auge ver-folgte die Mündung Phantanimals Bewegungen. Es konnte nur noch einen Augenblick dauern, bis der Mann sich besann und das tat, was Menschen tun, wenn sie sich in Gefahr fühlen und wenn sie ihre Kinder beschützen wollen. Den Angreifer töten.

Unerwartet hörte Phantanimal ein Knurren von dort, wo der Mann stand. Dessen Schulter ruckte nach vorn, ein Knall, das schwarze Auge leuchtete auf und erlosch. Jäher Schmerz bohrte sich durch Phantanimals höchste Rückenzacke, er sackte vor Schreck zusammen. In dieser Sekunde überlief das ersehnte Kribbeln seinen Körper. Endlich war er den Blicken der Menschen entzogen. Er erkannte in der Nähe des Menschenmannes Siegwulf, der seinerseits den Unsichtbarkeitszauber aktiviert hatte, wie die Glitzerwolke anzeigte, die ihn umgab. Phantanimal begriff, dass er sich außer Reichweite bringen musste. Selbst wenn die Menschen ihn nicht mehr sehen konnten, bestand die Gefahr, dass der Mann nochmals feuerte. Phantanimal ignorierte den stechenden Schmerz in seiner Zacke, drehte sich um und verschwand so leise, wie er es vermochte, zwischen den Bäumen. Dann lief er los, um sich in Sicherheit zu bringen. Wie er aus dem Augenwinkel sah, hatte Siegwulf ebenfalls abgedreht. Um die Menschen kümmerte er sich nicht mehr.

Was hätte er auch tun können? Sicher würden die drei allen von ihrer Begegnung erzählen. Schande! Englands Fabelwesen konnten ein weiteres Schauermärchen, das unter den Menschen die Runde machte, wirklich nicht gebrauchen.

Als er weit genug vom See weg war, blieb Phantanimal stehen. Das war knapp gewesen! In den letzten Monaten hatte er einige Geschichten gehört von Fabelwesen, deren Unsichtbarkeitszauber in der Nähe von Menschen nachgelassen hatte. Aber ihm würde das doch nicht passieren ... Er hatte die Geschichten für Übertreibungen gehalten. Natürlich war es fatal, wenn der Zauber, der sie seit undenkbaren Zeiten vor den Blicken der Menschen schützte, seine Wirksamkeit verlor. Phantanimal ließ sich auf den Waldboden sinken. Seine Rückenzacke schmerzte.

»Tut sicher weh, was?«, erklang eine Stimme vor ihm. »Hat ein richtiges kleines Loch reingerissen.« Siegwulf trat auf Phantanimal zu und deutete mit der Schnauze auf dessen Rücken. Seine Stimme klang weder verständnisvoll noch mitleidig. Der junge Fabelwolf war für seine Kaltschnäuzigkeit bekannt. Tatsächlich gehörte er der neuen Generation der Fabelwesen an, die sich kaum noch um die alten Traditionen scherten. Bei seinem Flug über den See hatte er den Tarnzauber offenbar freiwillig abgelegt und damit das Risiko auf sich genommen, gesehen zu werden. Wie leichtsinnig! Vermutlich hatte er nicht einmal die Gefahr mitbekommen, in der er geschwebt hatte.

»In der Tat, es schmerzt. Danke, dass du zur Stelle warst. Wer weiß, wo der Mann mich sonst getroffen hätte.«

»Zwischen den Augen vermutlich. Der Kerl ist ein guter Jäger. Ich habe ihn oft beobachtet.«

»Du bist also öfter hier?«

Siegwulf hob und senkte mehrmals den Kopf. »Komme manchmal hier durch.«

Phantanimal wollte es jetzt genau wissen. Hatte Siegwulf seine Tarnung bewusst fallen lassen oder war es ungewollt passiert, wie bei ihm? »Ist dein Tarnzauber intakt?«

»Natürlich.« Siegwulf fuhr sich mit den Krallen durch seine zur Seite gelegten Stirnhaare. Er wich Phantanimals Blick aus. Vielleicht begriff er langsam, dass der ihn bei seinem ungeschützten Flug über dem See gesehen hatte.

»Willst du damit sagen, dein Unsichtbarkeitszauber funktioniert fehlerlos?«

»Ja.«

»Warst du etwa mit voller Absicht sichtbar – dort hinten über dem See?«, fragte Phantanimal.

Der Fabelwolf verschluckte sich und hustete heiser. »Och, *das* meinst du …« Anscheinend fiel ihm nichts weiter ein.

»Ja. Das meine ich. Du hast deine Tarnung fallen lassen und damit riskiert, dass Menschen dich sehen können.«

»Kein Problem. Ich hatte alles unter Kontrolle. Im Gegensatz zu dir, nicht wahr?« Er sah noch einmal nach Phantanimals Zacke. »Immerhin scheint die Wunde nicht weiter schlimm zu sein. Also alles noch mal gut gegangen. Zum Glück war ich in der Nähe …«

Sollte Phantanimal dem jungen Fabelwolf erklären, dass sein Tarnzauber genau in dem Moment nachgelassen hatte – und zwar ungewollt -, als er dabei gewesen war, Siegwulf vor der Waffe des Mannes zu schützen?

»Bist du auf dem Weg nach Chester, zum großen Treffen?«, unterbrach der Fabelwolf seine Gedanken. »Da geht es wohl um den Unsichtbarkeitszauber.«

»Ganz recht. Sollen wir gemeinsam gehen?« Siegwulf hatte Phantanimal vermutlich das Leben gerettet. Welchen Sinn hätte es, ihn wegen seines Leichtsinns zu maßregeln?

»Ähm, ja, warum nicht?« Begeistert klang Siegwulf nicht gerade. Vermutlich zog er es vor, einsam seiner Wege zu ziehen.

Wie die meisten von uns. Die Zeiten der Gemeinsamkeit sind vorbei. Wehmut befiel Phantanimal bei diesem Gedanken. Gerade so wie bei den Menschen, hatten sich auch bei den Fabelwesen die Sitten und Gebräuche gewandelt. Sie hatten sich auseinandergelebt. Treffen wie das, das Maximus heute einberufen hatte, fanden nur noch sehr selten statt. Tatsächlich war Siegwulf wohl zu jung, um eines miterlebt zu haben.

»Dann wollen wir mal.« Phantanimal setzte sich in Bewegung. Der Fabelwolf tänzelte so dicht neben und vor ihm her, dass er immer wieder den Schritt verhalten musste, wenn er nicht mit ihm zusammenstoßen wollte. Phantanimal seufzte. Vielleicht war das der Grund, weshalb er selbst ebenfalls die Einsamkeit vorzog. Sich auf die Gewohnheiten der anderen einstellen zu müssen, war ihm in den letzten beiden Jahrhunderten lästig geworden.

»Stopp!«, fauchte er, als Siegwulf abermals vor ihn lief. Mit dem Fauchen stiegen zwei Rauchsäulen aus seinen Nüstern empor. Der Fabelwolf duckte sich und stemmte die Vorderläufe in den Boden.

»Was soll das?«, grummelte er.

»Hör bitte auf, mir ständig vor die Füße zu laufen.«

»Ha! Mir geht das zu langsam. Kannst du dich nicht schneller bewegen?« Siegwulf tänzelte herum, als könne er keine Sekunde stillhalten. Er war wirklich noch sehr jung.

Phantanimal beschloss, sich nicht provozieren zu lassen. »Wenn du es vorziehst, können wir getrennte Wege gehen. Wir sehen uns an der Kathedrale in Chester.«

»Ach nee … Wie wäre es mit einem Wettrennen?«

»Einem was?«

»Wettrennen. Komm, alter Drache, gib dir einen Ruck und mach was ganz Verrücktes. Wann hast du das zum letzten Mal gemacht? Wir rennen bis zum Treffpunkt. Wer zuerst da ist, hat gewonnen.« Die Pfoten des Fabelwolfs tippelten auf dem Waldboden, als freue er sich auf das Kräftemessen mit dem altehrwürdigen Drachen. »Aber mit den Läufen, nicht mit den Flügeln. Komm schon. Ich sag dir, danach fühlst du dich wie neugeboren.« Siegwulf betrachtete ihn mit gesenktem Kopf. »Oder stimmt die Geschichte gar nicht, dass du Hundegestalt annehmen kannst?«

Ende der Leseprobe

»Phantanimal und die Suche nach dem Magischen Buch«
Ab zehn Jahren. Zuerst erschienen im Ulrich Burger Verlag 2015. Restauflage verfügbar. Wenn ihr ein signiertes Buch bestellen möchtet, schreibt eine Mail an angelikalauriel@gmx.de.
Eine Neuauflage des Buchs ist für Winter 2021 geplant. Infos immer unter www.angelikalauriel.de.

Wenn euch der Krimi gefallen hat, schaut doch mal auf der Seite WWW.ANGELIKALAURIEL.DE vorbei und entdeckt dort weitere Kinder- und Jugendbücher.

Findet mich auf Facebook: Angelika Lauriel/Laura Albers – Autorin
Instagram: Angelika Lauriel/Laura Albers